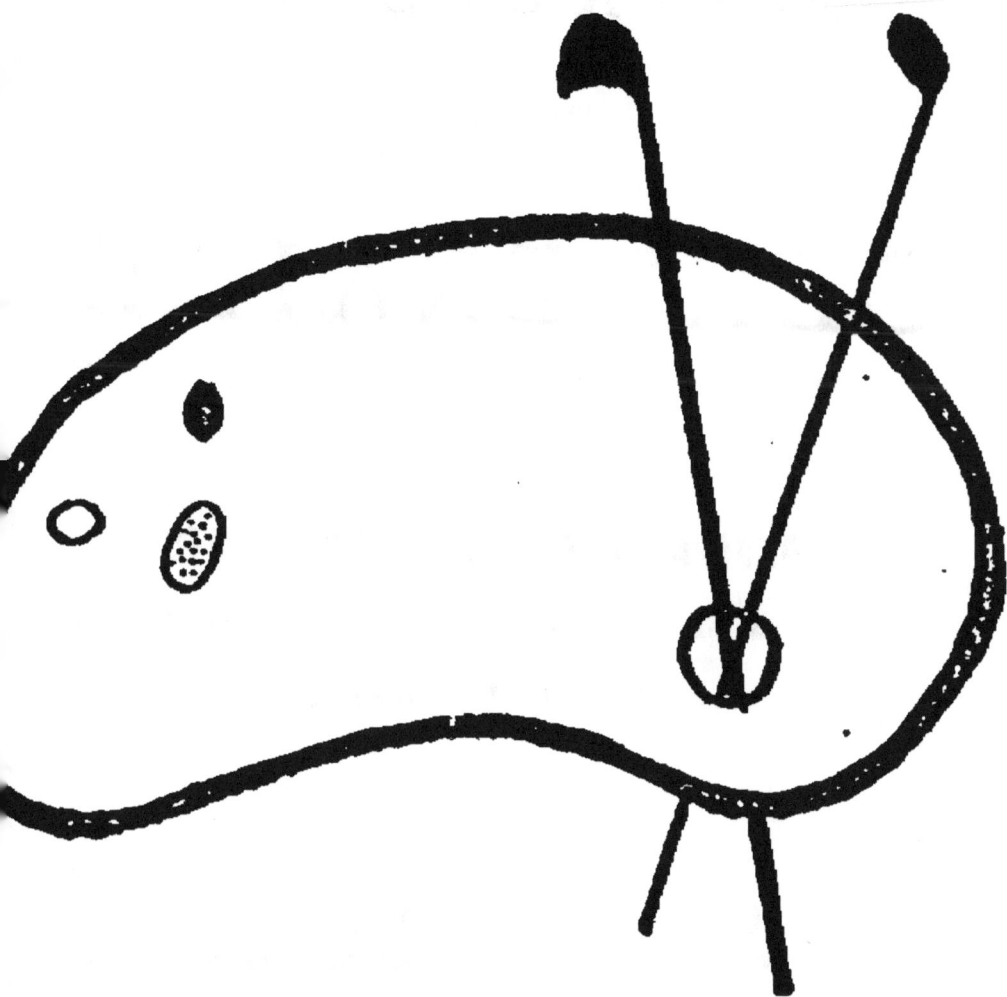

DEBUT D'UNE SERIE DE DOCUMENTS
EN COULEUR

L'ANNEXION DE 1792

ET SON

CENTENAIRE

————— ✦ —————

RÉPONSE AVEC PIÈCES ET DOCUMENTS

à quelques-uns qui osent prétendre que la Savoie ne s'est pas

donnée librement à la France en 1792

PAR

Charles BURDIN

CHAMBÉRY

DES PRESSES DE G.-P. MÉNARD

—

1890

EN PRÉPARATION

POUR PARAITRE PROCHAINEMENT

HISTOIRE

DE LA RÉUNION

de

LA SAVOIE A LA FRANCE

EN 1792

PAR

JOSEPH DESSAIX

~~~~~

2ᵉ ÉDITION

augmentée de nombreux documents inédits

Un vol. de 400 pages, format Charpentier.

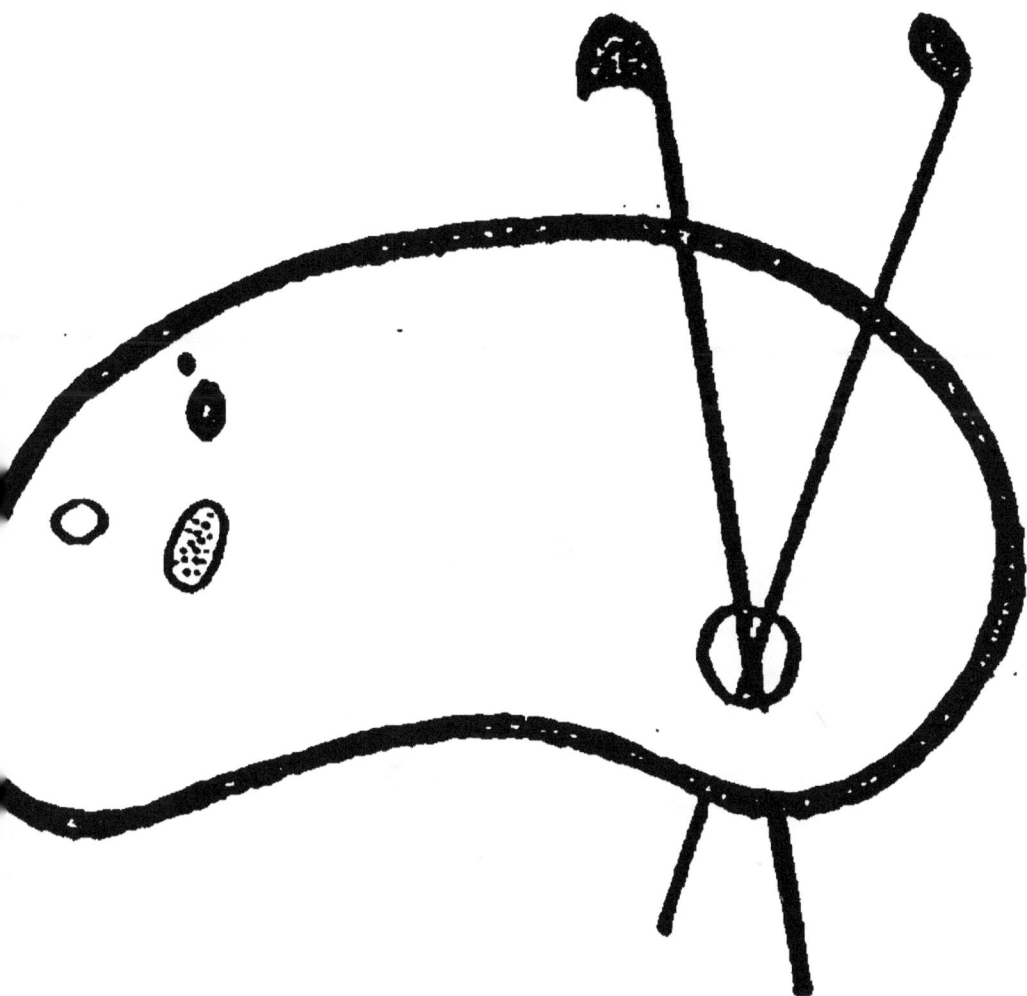

FIN D'UNE SERIE DE DOCUMENTS
EN COULEUR

L'ANNEXION DE 1792

ET

SON CENTENAIRE

L'ANNEXION DE 1792

ET SON

CENTENAIRE

RÉPONSE AVEC PIÈCES ET DOCUMENTS

à quelques-uns qui osent prétendre que la Savoie ne s'est pas

donnée librement à la France en 1792

PAR

Charles BURDIN

CHAMBÉRY

DES PRESSES DE C.-P. MÉNARD

—

1890

AVANT-PROPOS

Comment fut accueillie l'idée de fêter le Centenaire de l'annexion de 1792 par l'érection d'un monument commémoratif. — Adoption de ce projet par les Conseils généraux. — Motifs des rares protestations. — L'annexion de 1792 et celle de 1860. — La proclamation du gouverneur Dupasquier. — 1860 résulte de 1792. — Aux souscripteurs du monument du Centenaire.

Il y a dix-huit mois environ, en constatant, dans le *Républicain de la Savoie*, l'enthousiasme de la France entière à fêter le centième anniversaire de la réunion des Etats-Généraux, de ce 5 mai 1789 qui fut l'aube de la plus belle, de la plus féconde révolution du monde, nous ajoutions :

« La Savoie a célébré, comme elle méritait de l'être, cette grande date, ère du droit nouveau et de la liberté, que saluent non seulement la France, mais tous les peuples civilisés.

« Mais il est un Centenaire prochain que la Savoie fêtera avec un enthousiasme plus ému, avec une joie plus intime : c'est celui de la première et libre réunion de notre petit pays à la France.

« Il écherra dans deux ans.

« C'est au cours de l'automne 1792 que s'est accomplie cette union mémorable qui a fixé irrévocablement nos destinées, faisant de la Savoie une terre pour toujours française. Car, on peut l'affirmer, les événements de 1815, qui séparèrent temporairement les Savoisiens de leur patrie d'élection, ne relâchèrent en rien les liens d'affinité, d'affection, les sentiments filiaux qui attachaient nos populations à la France.

« La seconde annexion, en 1860, fut un retour au giron familial impatiemment attendu, ardemment désiré ; mais il était prévu et nous paraissait à tous inéluctable.

« Eh bien ! chers concitoyens, ne vous semble-t-il pas que l'érection d'un monument commémoratif de cette union, souvenir si cher à nos cœurs patriotes, devrait coïncider avec la célébration de son centième anniversaire ? »

Et nous ajoutions un peu plus loin ·

« Nous pensons que les Conseils généraux de nos deux départements seraient
bien inspirés en inscrivant cette question
à l'ordre du jour de leur session la plus
prochaine.

« Il appartient tout naturellement à ces
deux assemblées de prendre l'initiative
d'une entreprise de cette nature, de provoquer la création d'un comité d'étude,
d'inviter les municipalités et les particu-
liers à souscrire en sa faveur, etc. »

A peine lancée, l'idée fit prompte for-
tune ; de toutes parts des adhésions fort
encourageantes nous parvinrent ; la très
grande majorité des journaux de nos deux
départements appuya chaleureusement le
projet, et la puissante colonie savoisienne
de Paris s'empressa de lui promettre son
concours le plus actif.

Enfin, nos conseils généraux l'accueil-
lirent et le firent passer de l'état de simple
conception à la période de la réalisation.

Aujourd'hui, le succès de cette entreprise patriotique est assuré ; á l'automne
de 1892, nous verrons le monument commémoratif de la première annexion s'élever sur une des places de ce Chambéry

où, cent ans auparavant, les soldats de la France furent reçus à bras ouverts, « comme des frères par des frères ». Sous le patronage d'un comité central que préside M. le préfet de la Savoie et de nombreux sous - comités cantonaux et communaux, les souscriptions s'organisent partout et, déjà, il est permis de prévoir que les sommes qui seront recueillies permettront d'ériger un monument artistique vraiment digne du grand fait historique dont la Savoie veut consacrer le souvenir.

L'accord à ce propos eût été unanime entre tous les Savoyards, si l'esprit de parti, la manie politiquante de certaines gens qui veulent, bon gré mal gré, faire intervenir en toutes choses leurs rancunes passionnées, même là où elles n'ont rien à voir, n'étaient venus fort malencontreusement s'en mêler.

Certes, personne, croyons-nous, parmi la foule de nos compatriotes, d'opinions d'ailleurs fort diverses, qui ont, dès la première heure, accueilli avec tant de faveur l'idée de fêter grandiosement le Centenaire de 1792, ne se proposait de faire, à ce sujet, une manifestation de parti ; on ne songeait qu'à la France et à la Savoie, à célébrer de tout cœur l'anniversaire de l'union de la petite patrie à la grande et non pas à manifester pour ou contre un régime quelconque.

Mais, hélas ! dans un milieu, heureusement fort circonscrit, on se refusa à comprendre ce sentiment si simple — et peut-être trop élevé. Là, on ne se souvint que d'une seule chose : — la délivrance de la Savoie du joug piémontais coïncidant, jour pour jour, avec l'abolition de la royauté et la proclamation de la République en France ! Et, alors, on vit quelques individus enkystés dans leurs préjugés et dans leurs haines, s'élever avec véhémence contre le projet patriotique de la Savoie ; pour eux, il n'y aurait eu qu'une annexion valable et dont le souvenir fût digne d'être célébré, celle de 1860 ; ils calomnièrent avec rage nos pères glorieux de 1792 et l'œuvre de leur libre volonté ; sans preuve aucune à l'appui de leur thèse, d'ailleurs insoutenable, ils prétendirent que cette première annexion fut la conséquence — qu'ils considèrent comme funeste — d'une conquête violente, d'un rapt, d'un crime !

Or, l'histoire, la véridique histoire, proclame au contraire que jamais en aucun temps, en aucun pays, il ne fut donné à des citoyens, comme aux Savoyards de 1792, de se prononcer avec une plus complète indépendance sur les destinées de leur pays.

Mais, pour des raisons qu'il serait oiseux de développer ici, l'histoire de la Savoie à cette époque n'est que très imparfaitement connue des Savoyards. Il y avait donc danger à laisser impunément dénaturer le caractère de l'annexion de 1792. Pour confondre ses détracteurs, nous avons été conduit à écrire dans le *Républicain de la Savoie* une série d'articles rétablissant et faisant éclater la vérité. Nous appuyant sur des faits indéniables, sur des témoignages qu'il y aurait folie à récuser, nous avons démontré, preuves en main, que l'annexion de 1792 s'est accomplie par le vœu solennellement exprimé des populations et avec des garanties de liberté que l'annexion de 1860 — qui fut tout aussi sincère cependant et non moins ardemment désirée — ne connut point.

Car, en 1860, la cession de la Savoie à

la France, par le traité du 24 mars, précéda le vote admirable du 22 avril par lequel les Savoyards, presque à l'unanimité, témoignèrent de la force et de la persistance de leurs sentiments français ; et il est indéniable que si, par impossible, leur vote eût été hostile à l'annexion, le gouvernement impérial aurait passé outre. La proclamation de M. Dupasquier, gouverneur de la Savoie, datée du 9 avril 1860, ne peut laisser aucun doute à cet égard :

« Il ne s'agit plus, disait cette proclamation, de se prononcer entre le Piémont et la France ; les versants français des Alpes, irrévocablement cédés par notre gouvernement, ne peuvent plus appartenir à l'Italie. En conséquence, la question est de savoir si nous approuvons (OUI ou NON) le traité du 24 mars qui nous a réunis à la nation française, ou si nous préférons livrer notre pays aux chances imprévues d'un avenir inconnu. »

Ce langage est évidemment comminatoire, on y sent percer une inquiétude et une vague menace.

L'inquiétude était vaine et la menace ridiculement superflue, presque injurieuse;

aucun doute ne pouvait exister sur les aspirations des Savoyards ; l'annexion de 1792 et les 23 années de vie commune avec la France qui la suivirent, avaient trop bien préparé le terrain : — 1860 fut le fruit naturel de 1792.

Mais, entre ces deux annexions, il y eut une différence que nos adversaires nous obligent à mettre en relief : — en 1792, la Savoie, malgré l'occupation par les armées de la République, fut laissée absolument libre de conserver le régime sous lequel elle avait jusqu'alors vécu, de former un état indépendant ou de s'incorporer à la France.

Nous avons dû, pour que cette vérité apparaisse bien nette aux yeux de tous, suivre pas à pas et retracer de façon succincte les événements dont notre pays fut le théâtre en l'automne de 1792. Avons-nous complètement atteint le but poursuivi ? On veut bien nous en donner la flatteuse assurance, car c'est à la demande de nombreuses personnes, qui en ont exprimé le désir, que les articles que nous avons publiés à ce sujet dans le *Républicain de la Savoie* ont été réunis en ce petit volume que nous dédions à tous ceux qui se proposent de célébrer, d'un cœur ému, le Centenaire de la première libre réunion de la Savoie à la nation française.

Nous espérons que nombreux seront ceux qui voudront concourir à la diffusion des faits qui sont rapportés dans cette page de notre histoire locale, écrite dans le seul but d'aider à l'érection d'un beau monument qui soit l'emblème de l'ardent patriotisme de tous les Savoyards, — ou à peu près tous, — à quelque opinion qu'ils appartiennent.

Ch. Burdin.

CHAPITRE PREMIER

Les détracteurs du Centenaire de 1792. — Opinion de Michelet. — Souvenirs du général Doppet sur l'accueil fait à Chambéry aux troupes françaises. — Rapport du général Montesquiou au ministre de la guerre. — L'occupation n'a pas coûté un homme à la France.

Dès que se produisit l'idée de célébrer, par l'érection d'un monument commémoratif, le Centenaire de la première libre réunion de notre pays à la France, d'amères protestations s'élevèrent parmi les journaux qui font profession de regretter l'ancien régime et confondent, dans un même fétichisme, le droit divin français et le *buon governo* des rois de Sardaigne.

Lorsque ce projet prit corps, grâce au patronage de nos Conseils géné-

raux, et que des comités se constituèrent pour le réaliser, ces protestations
se renouvellèrent. Et, comme les municipalités de toutes nos communes
avaient été sollicitées par M. le préfet
de la Savoie, en sa qualité de président du Comité départemental, d'aider
au succès de l'œuvre patriotique entreprise, un ancien candidat royaliste
malheureux, M. le comte Fernex de
Mongex, maire de Planaise, saisit
l'occasion aux cheveux pour refuser
officiellement son concours ; la lettre
qu'il adressa, à ce propos, à M. le préfet, fut reproduite à l'envi par les
journaux de son opinion qui s'empres-
sèrent de la commenter dans le sens
que l'on devine.

« L'annexion de 1792 a été imposée,
disait M. le comte Fernex de Mongex dans
cette lettre ; elle n'a pas été consentie par le
pays tout entier. Des milliers de Savoyards,
enfants du peuple, non moins que prêtres et
nobles, l'ont combattue au prix de leur for-
tune, de leur liberté et même de leur vie.
Elle est l'œuvre exclusive d'un parti... »

Peu de jours après, M. Fernex de
Mongex reçut du renfort — assez mai-

gro il est vrai; — il lui vint de MM. Pellissier et L. Bérard — ces remparts de
l'ordre moral à Aime — et Cordier, un
ex-universitaire que jadis l'archevêque
Pichenot conduisit par la main sur le
chemin de Damas et qui rédige, à cette
heure, un journal ultra-royaliste et clérical de Bordeaux.

Eux aussi prétendaient établir que
l'annexion de 1792 ne fut pas une réunion librement consentie par notre
pays, mais une conquête opérée par la
force, les armes à la main et contre le
gré des populations.

Voici comment s'exprimaient MM.
Pellissier et Bérard dans une note
par eux adressée au *Défenseur* de Moûtiers :

« L'annexion de 1792 n'a été, tous le sa-
vent, que l'occupation brutale, sans déclaration de guerre, de la Savoie par l'armée du
général Montesquiou.

« Puis une assemblée, composée sur les
ordres du général, hâtivement réunie, et délibérant côte à côte de ses soldats, est venue
ratifier cette étrange annexion. »

M. Cordier, qui est enflammé contre
les républicains savoyards d'une ar-

dour d'autant plus grande qu'il chercha
autrefois à faire son chemin parmi eux,
tint sans doute à donner à sa protes-
tation une forme particulièrement
odieuse. Aussi écrivait-il dans le *Nouvelliste de Bordeaux* :

« On sait qu'en 1792 la Savoie fut conquise par les armées révolutionnaires, et
qu'elle fut soumise au régime de la Terreur....

« Avec la logique ordinaire des républicains, les démocrates savoisiens qui flétris-
sent la conquête violente de l'Alsace-Lorraine par l'Allemagne, prétendent faire célébrer par leurs compatriotes, — non pas la
libre annexion de 1860, — mais la conquête
violente de 1792. »

Ces quatre messieurs terminent leurs
philippiques par la tirade obligatoire
pour tout bon clérical contre la grande
tourmente révolutionnaire.

De la part de M. le comte Fernex de
Mongex cela peut se comprendre, il
appartient à une caste qui a perdu tous
ses privilèges à la Révolution qui nous
a donné à nous, — gens du commun, roturiers, paysans, ouvriers, — la liberté

et l'égalité. Mais nous ne voyons pas trop ce que MM. Pellissier, L. Bérard et Cordier peuvent bien regretter de l'ancien régime. Toutefois, c'est affaire à eux que de déplorer l'œuvre de nos pères et des leurs aussi probablement ; le goût de la servitude est plus commun qu'on pense, il est surtout fort bien porté dans un certain milieu.

Aussi bien, n'avons-nous jamais eu la pensée de les chicaner au sujet de la haine qu'ils affectent de la Révolution, mais simplement de prouver à tous que leurs appréciations sur la réunion de la Savoie à la France, présentée comme le résultat d'une conquête violente, sont absolument contraires à la vérité des faits.

Michelet qui enseigna l'histoire avec une autorité que M. Cordier n'acquit peut-être pas au même degré alorsqu'il professait, dit de l'annexion de 1792 :

« Le plus merveilleux, dans cette conquête admirable, c'est que ce ne fut pas une conquête. Ce ne fut rien autre chose qu'un mutuel élan de fraternité. Deux frères, longtemps séparés, se retrouvent, s'embrassent; voilà cette simple et grande histoire.

« C'était un spectacle étrange. Les chants

Allons enfants de la patrie !

faisaient tomber les murailles des villes. Les Français arrivaient aux portes avec le drapeau tricolore, ils les trouvaient ouvertes et ne pouvaient passer ; tout le monde venait à la rencontre et les reconnaissait, sans les avoir jamais vus ; les hommes les embrassaient, les femmes les bénissaient, les enfants les désarmaient.... Les Français furent saisis d'étonnement, profondément émus, en découvrant une France inconnue, une vieille France naïve, qui, dans la langue de Henri IV, bégayait la Révolution. »

Racontant les impressions qu'il éprouva en arrivant à Chambéry, le 24 septembre 1792, c'est-à-dire deux jours après l'entrée des Français dans cette ville, un Chambérien, le futur général Doppet, écrivait dans ses *Mémoires politiques et militaires :*

« C'est ici le cas d'observer que la Savoie ne fut pas conquise par la force des armes, mais seulement par son amour de la liberté et son antique attachement à la nation française. Les Savoisiens ne s'étaient point armés pour arrêter la marche des soldats français ; ils les appelaient au contraire depuis longtemps. Il y avait en outre un grand nombre de Savoisiens qui servaient déjà dans l'armée des Alpes avant d'entrer en Savoie.

« Aussi, le peuple savoisien reçut-il les phalanges patriotes avec satisfaction, fraternité et enthousiasme. »

Et, un peu plus loin, Doppet ajoute :

« Toute la Savoie reçut et embrassa les Français avec transport ; on ne s'y arma que du moment qu'on put le faire pour la liberté, et aucune assemblée publique n'avait eu lieu, que tous les Allobroges criaient déjà : Vive la France ! vive la liberté !

« On pourrait encore, pour appuyer cette réflexion, citer la manière rapide et humiliante avec laquelle les troupes sardes quittèrent la Savoie ; car il est de fait que ces troupes n'opposèrent aucune résistance, parce qu'elles craignaient et qu'elles étaient sûres d'avoir contre elles les Savoisiens, dont la grande majorité s'était prononcée pour la Révolution. »

Voici en quels termes cette retraite ou, pour mieux dire, cette fuite précipitée de l'armée du roi de Sardaigne, disparaissant comme par enchantement devant des forces françaises bien inférieures en nombre, est rapportée dans une lettre du général Montesquiou à Servan, ministre de la guerre :

« Chambéry, le 25 septembre 1792.

« J'avais eu l'honneur de vous mander, Monsieur, que ma première lettre serait datée de Chambéry ; vous voyez que je vous tiens parole ; tout a fui depuis les bords du lac de Genève jusqu'à ceux de l'Isère, et des députations des villes de Savoie m'arrivent successivement pour rendre hommage à la nation française et pour implorer sa protection. La fuite n'a été que trop rapide, puisqu'il m'est impossible d'atteindre les ennemis...

« La marche de mon armée est un triomphe ; le peuple des campagnes et celui des villes accourt devant nous ; la cocarde tricolore est arborée partout ; les applaudissements, les cris de joie accompagnent tous nos pas...

« J'ai cru devoir, à la conduite franche et

loyale des magistrats et des habitants de Chambéry, de laisser à la maison commune un poste de leur garde bourgeoise ; ils ont été fort sensibles à cette marque de confiance. Aujourd'hui, l'arbre de la liberté sera planté en grande cérémonie sur la principale place de la ville.

« Il me paraît que tous les esprits sont disposés à une révolution semblable à la nôtre ; j'ai déjà entendu parler de proposer à la France un 84e département, ou au moins une république sous sa protection.

« J'ai dit, d'ailleurs, que la nation française laissait libre cours aux lois du pays jusqu'à ce que la nation savoisienne les eût librement changées. »

L'historien Victor de Saint-Genis qui, en sa qualité d'archiviste de la Savoie, a pu mieux que personne fouiller et compulser les documents de l'époque, vient corroborer de son témoignage les faits qui précèdent :

« Montesquiou, dit-il, pour ne point importuner les habitants de Chambéry, fit bivouaquer ses troupes sous les arbres du Verney, jusqu'à ce qu'on eût mis les casernes en état de les recevoir.

« Les dépêches de Montesquiou purent
constater avec sincérité que « l'occupation
« de la Savoie par les armées de la Répu-
« blique n'avait pas coûté un homme à la
« France et n'avait été souillée par aucun
« désordre. »

Voilà comment les Français, — ceux
que certaines gens, que la passion politique rend aveugles, voudraient représenter comme des envahisseurs s'im-
posant par la seule force des armes, —
furent reçus par nos pères.
Nous demandons tout en particulier
à M. Cordier si cette « conquête » de
la Savoie par les Français, peut être
comparée à celle de l'Alsace-Lorraine
par les Allemands, comparaison abo-
minable qu'il fait sans paraître se douter qu'il outrage à la fois la petite patrie et la grande.
Si nos contradicteurs se sont proposé
d'être en histoire les continuateurs du
jésuite Loriquet, ils sont dans la bonne
voie et n'ont qu'à persévérer ; mais si
c'est sincèrement qu'ils ont exprimé
cette opinion, il en faut conclure à
leur ignorance totale des événements
qui se produisirent.
Et si leur version sur la prétendue

conquête est si parfaitement fausse, celle relative à l'annexion elle-même, à cette annexion qui fut votée librement par l' « Assemblée nationale souveraine des Allobroges », est encore bien plus éloignée de la vérité.

CHAPITRE II

La Savoie et les idées de la Révolution. — Echo de la « Journée des Tuiles ». — Arrivée des émigrés. — Leurs insolences. — Cocarde blanche et cocarde tricolore. — Brutalité du gouverneur de Chambéry. — Savoyards et Français fraternisent. — Hostilité menaçante de la cour de Turin. — Le serment des soldats de Montesquiou.

Si ce fut à la faveur d'une intervention militaire française que la Savoie de 1792 put se détacher du royaume de Sardaigne, la présence de l'armée de la République ne pesa en rien sur la détermination de nos pères, lorsqu'ils résolurent de demander la réunion de notre pays à la France. Nous démontrerons cela bientôt et de la façon la plus éclatante.

C'est que bien avant l'arrivée de

Montesquiou, les esprits en Savoie étaient complètement gagnés à la cause de la Révolution ; d'ardentes sympathies intellectuelles, en outre des affinités d'ordre matériel si nombreuses — communauté de race, de langage, relations, situation géographique, etc., — poussaient invinciblement notre pays vers la France, et c'est avec grand'raison que l'historien Saint-Genis a pu dire : — « En Savoie, la Révolution était faite ; il ne restait qu'à accommoder les mots à la chose. »

Attentifs à tous les événements qui se succédaient avec une si prodigieuse rapidité de l'autre côté de la frontière, les Savoyards accueillaient par des explosions d'allégresse chaque conquête du peuple français sur l'ancien régime ; ce n'étaient pas seulement les esprits cultivés et les citadins qui étaient convertis aux idées nouvelles, mais encore les populations des campagnes.

Dès 1788, lorsque nos voisins du Dauphiné donnèrent le signal de l'assaut des vieux abus, il y eut en Savoie des transports d'enthousiasme. La réunion de Vizille, l'assemblée de Romans, la « Journée des Tuiles » où les

Grenoblois prirent les armes pour dé-
fendre l'indépendance du parlement du
Dauphiné, eurent un écho formidable
dans nos vallées.

« Le 7 juin 1788, dit Saint-Genis, la
« Journée des Tuiles » fit passer dans la ré-
gion des Alpes comme un frisson de révolte.
Vers le soir, la victoire se traduisit par le
branle à toute volée, bondissant, délirant,
des cloches joyeuses. Fait étrange que les
récits des vieillards attestent et dont la men-
tion se retrouve sur les registres de plusieurs
paroisses, cette contagion du succès se ré-
pandit de village en village comme une
traînée de poudre et franchit la frontière ; on
sonna la « joie » de clochers en clochers
jusqu'aux sources de l'Isère et de l'Arc, pour
redescendre, par Flumet, dans la vallée de
l'Arve, et, le 8 juin, les habitants de Bonneville, de St-Julien, d'Annemasse se réveillè-
rent étonnés aux carillons que le vent ap-
portait de la montagne. »

Un an après, les événements s'étant
précipités — réunion des Etats-Généraux, serment du Jeu de Paume, prise
de la Bastille — l'émigration commen-

ça en France, le comte d'Artois, frère
du roi, qui en était l'imprudent promo-
teur, arriva à Turin.

« Depuis son arrivée à Turin (juillet 1789)
cette ville était devenue, dit Saint-Genis,
la capitale de la contre-révolution comme
Coblentz en était le camp. Les royalistes
de la Provence et du Dauphiné y entrete-
naient des relations actives : Nice et Chambéry servaient d'asile aux émigrés et de cen-
tre à leurs intrigues. Le roi, informé des
tendances de la Savoie à se séparer du Piémont, crut politique d'y maintenir ce foyer
d'agitation qu'alimentait l'émigration chaque
jour plus nombreuse et plus tumultueuse.
Chambéry se remplit de prêtres et d'évêques chassés de leurs diocèses et de leurs
paroisses par le refus de prêter serment à la
constitution civile du clergé; quantité de
gentilshommes fugitifs y étalaient les injures et les espérances des réfugiés de tous les
temps et de tous les pays. Leurs inconsé-
quences et leurs bravades provoquèrent
l'explosion du sentiment public. Ne dégui-
sant ni leurs rancunes ni leurs ambitions,
soutenus par les officiers piémontais, presque tous gentilshommes, ils se croyaient en

pays conquis, heurtaient les convenances, froissaient les habitudes locales, et lassèrent la patience des habitants de Chambéry à ce point que les querelles particulières y prirent des proportions inquiétantes. »

Le tableau suivant que Doppet trace de ce qu'était Chambéry en proie à l'insolence des émigrés, vient vigoureusement compléter les appréciations de l'historien de la Savoie :

« Des émigrés de haut parage étaient venus se fixer à Chambéry; une foule de chevaliers Don-Quichottes les y avaient rejoints, et pendant quelques mois Chambéry semblait être devenu la maison d'arrêt de la valetaille de Paris. Soutenue par le gouvernement sarde, cette société orgueilleuse ne fut bientôt plus qu'une troupe insolente et tumultueuse. Chacun blasphémant contre la perte de ses privilèges, laissant échapper à chaque instant l'injustice et la férocité de ses regrets ; et les propos révoltants et contre-révolutionnaires des émigrés devenaient tous les jours des leçons de liberté pour les Savoisiens.

« Les émigrés avaient eu l'agrément de

la cour pour se réunir eu Savoie en petit corps d'armée. Un M. de Bussy se mit à la tête du noyau militaire, et bientôt Chambéry fut inondé de grands sabres et de cocardes blanches. Cependant, la nécessité de le recruter amenant chaque jour dans le corps une foule de coupe-jarrets, il s'éleva des disputes entre les chevaliers de Bussy et les Savoisiens; chaque jour, ces derniers étaient pillés ou insultés ; mais comme le Savoyard a la parole robuste et vigoureuse, ces messieurs ne purent pas en soutenir le langage. Ils jugèrent à propos d'aller rejoindre l'armée de Coblentz.

« Il est si vrai que les plates fanfaronnades des émigrés se changeaient en leçon de patriotisme pour le peuple savoisien, qu'un jour les habitants de Chambéry, outragés d'avoir vu arracher la cocarde nationale à un voyageur négociant, attachèrent des cocardes blanches à la queue de plusieurs chiens et montrèrent ainsi à quelle cocarde ils donnaient la préférence. »

Doppet cite encore ce trait du gouverneur piémontais de Chambéry :

« Ce militaire désirant faire sa cour aux émigrés et venger quelques propos plaisants qu'ils s'étaient attirés, s » rendit un soir dans le grand café de Chambéry avec quelques satellites ; et là, comme un héros qui assiège une place forte, il fit faire feu sur des citoyens paisibles. »

Après les élections de 1790 qui consacrèrent en France la victoire du peuple, Français et Savoyards fraterniséront en des fêtes tout le long de la frontière : à Pontcharra sur le pont de Bréda ; à Seyssel sur le pont du Rhône ; à Pont-de-Beauvoisin, les deux populations se mêlèrent, mettant tout en commun, les tables et les danses ; partout il en fut ainsi depuis les chalets du Galibier jusqu'aux pieds du Jura, dans le pays de Gex.

On voit par-là que la Savoie était bien prête à se séparer du Piémont et d'un souverain dont le gouvernement et la politique représentaient exactement le contraire de toutes ses aspirations. A la première occasion favorable, le lien serait rompu.

Aussi le général Montesquiou était-il bien renseigné sur l'état des esprits, lorsqu'au commencement de septembre 1792, il écrivait à Servan, ministre de la guerre, qu'il se faisait fort de réussir à occuper la Savoie « dût-il n'y entrer qu'avec 25 hommes. »

On a reproché à Montesquiou d'avoir envahi la Savoie sans déclaration de guerre préalable ; mais ceux qui lui font ce reproche ne veulent évidemment pas — et pour cause — tenir compte de la nécessité qui fait loi surtout à la guerre. Valait-il mieux se laisser surprendre que surprendre soi-même l'ennemi ?

L'hostilité non déguisée de la cour de Turin, les secours et les encouragements de toute sorte prodigués par le roi Victor-Amédée aux émigrés qui se formaient en armes sur le territoire des États-Sardes ; les troupes nombreuses dont on garnissait la Savoie ; les ouvrages militaires que l'on élevait à proximité de la frontière ; diverses agressions des soldats piémontais contre les postes français, légitimèrent suffisamment cette mesure de précaution.

D'ailleurs, le serment que Montesquiou fit prêter, dans la nuit du 21 au 22 septembre, à ses soldats massés à Chapareillan, prouve assez qu'il était certain de ne pas avoir à combattre les habitants du pays où il se préparait à entrer, mais seulement les troupes d'un prince dont le joug était impatiemment supporté par la population. Il leur fit jurer « de respecter comme « des frères les habitants de la Savoie, « de ne point pénétrer dans la maison « d'un citoyen sans y être invités, et « de prendre sous leur protection les « ennemis désarmés. »

Aussi, deux jours après, Mansord, syndic de Chambéry pouvait dire, au nom de toute la Savoie, au général Montesquiou : — « Nous ne sommes « pas un peuple conquis, mais un peu- « ple délivré ! »

CHAPITRE III

La question de la Savoie examinée à la Convention. — Opinion de Camille Desmoulins. — Instructions du ministre de la guerre au général Montesquiou et réponse de celui-ci.— Curieuse lettre de Montesquiou à Doppet. — Le comité diplomatique de la Convention reconnaît que la Savoie doit être libre de déterminer son sort. — Instructions aux généraux.

Nous venons de voir comment fut faite cette prétendue « conquête brutale » de la Savoie que les partisans par trop attardés de l'ancien régime reprochent à la France de 1792 avec une si persistante rancune et qui n'existe vraiment que dans leur imagination hantée par le vain regret du passé.

Etrange conquête en vérité que celle où les conquérants non seulement ne trouvent personne à combattre, mais sont reçus par les populations comme des libérateurs et des frères !

Mais la vérité est qu'il n'y eut conquête d'aucune sorte, ni brutale ni amicale ; il y eut délivrance d'abord et ensuite réunion libre de la Savoie à la France, réunion qui fut régulièrement votée par une assemblée spéciale, élue pour décider des destinées du petit peuple savoyard, et, si cette assemblée s'était prononcée pour la formation de la Savoie en état indépendant, la Convention nationale aurait scrupuleusement respecté cette détermination.

Voilà ce dont ne paraissent pas se douter nos contradicteurs lorsqu'ils déclarent — avec un aplomb que seule l'ignorance pourrait rendre excusable — que l'Assemblée nationale souveraine des Allobroges fut composée sur les ordres du général Montesquiou, et, délibérant à côté de ses soldats, vota l'annexion en quelque sorte le couteau sous la gorge.

Pour faire la démonstration de cette vérité, nous n'imiterons pas nos adversaires qui se contentent d'affirmer, tout de go, que les choses se sont passées comme ils disent, sans fournir quelque preuve à l'appui de leur thèse

— ils n'en auraient d'ailleurs pas trouvé. — Nous apporterons les documents les plus probants, les plus officiels, les plus indiscutables.

Déjà, nous avons cité le passage de la lettre de Montesquiou à Servan, ministre de la guerre, dans lequel il fait connaître que, dès son arrivée à Chambéry, « il a entendu parler de proposer « à la France un 84e département ou « au moins une République sous sa « protection », ajoutant qu'il a respecté les lois du pays en attendant « que la « nation savoisienne les eût librement « changées. »

Cette lettre fut lue à la Convention dans la séance du 28 septembre, et le passage que nous signalons donna lieu à une grande discussion sur la question de savoir quelle serait l'attitude de la France à l'égard de la Savoie.

L'opinion qui prévalut fut celle exprimée par de nombreux orateurs, parmi lesquels Camille Desmoulins, qui s'écria que tout peuple a le droit de se donner le gouvernement qui lui plaît, que la Convention nationale n'a pas le droit de restreindre la souveraineté du peuple et qu'elle doit laisser la Savoie libre de se choisir le gouvernement qui lui conviendra.

Cette doctrine est confirmée dans la réponse suivante du ministre de la guerre au général Montesquiou, datée du 29 septembre :

« Je ne saurais vous exprimer, général, combien votre lettre du 25 est venue répandre de la tranquillité dans mon esprit. Elle a été parfaitement accueillie par l'Assemblée.

« Voici ce qui est résulté de la discussion du conseil : qu'il ne pouvait vous autoriser à rien, mais que vous deviez inviter les Savoisiens à manifester le plus tôt possible leur opinion sur le genre de gouvernement qu'ils veulent adopter, en observant cependant que s'il devait leur être plus avantageux, il devait aussi être tel qu'il ne pût pas nuire à la bonne intelligence qui doit régner actuellement entre les Savoisiens et les Français. Votre esprit, vos manières, vos conseils ne peuvent qu'infiniment contribuer dans les résolutions que prendra le peuple de Savoie, mais ce ne pourra être que comme individu, rien n'est plus important, dans les circonstances présentes, que de donner à tous les peuples une grande preuve de notre loyauté et de notre ferme résolution de n'être occupés dans nos démarches, chez nos voisins, qu'à leur assurer la liberté. »

Le général Montesquiou était tout particulièrement disposé à suivre les instructions du ministre de la guerre, car ce bizarre « conquérant » était plutôt éloigné de la solution du problème par une annexion de la Savoie à la France. La lettre suivante qu'il écrivit au ministre, à la date du 3 octobre, fait suffisamment connaître sa façon d'envisager la situation :

« J'avais deviné les intentions du conseil, et tout ce que j'ai dit et fait depuis que je suis en Savoie, est parfaitement d'accord avec votre opinion, que nous ne devons exercer, dans ce pays-ci, aucun droit de conquête. Mais cependant, comme deux partis se présentent dans la détermination du sort de ce pays, il serait bon que ceux qui peuvent y influer soient instruits d'avance vers lequel il faudrait diriger les esprits. La Savoie peut se donner à la France ou s'ériger en État libre sous la protection de la France; ce dernier parti serait plus propre à écarter toutes les idées d'ambition que l'on prétend déguisées sous le système de modération qu'avait adopté la première assemblée constituante. Il faut considérer aussi qu'au moment de la paix, le roi de Sardaigne se prêterait peut-être plus aisément à un état de choses qui mettrait une barrière entre la France et lui, qu'à celui qui laisserait subsister tous les points de contact. »

Voilà ce que pensait le général Montesquiou que l'on voudrait nous présenter comme ayant imposé de force à notre pays l'annexion de 1792. Mais, dira-t-on peut-être —si l'on y songe—lorsque Montesquiou écrivait la lettre qui précéde, l'Assemblée des Allobroges n'était pas encore élue et, entre temps, il a pu changer d'avis ou recevoir des instructions diamétralement opposées aux précédentes.

A cela, Montesquiou répondra encore une fois lui-même et de façon encore plus catégorique.

Le 28 octobre, alors que l'Assemblée nationale souveraine des Allobroges délibérait à Chambéry et à peu près exactement au moment où, au milieu d'un délirant enthousiasme, elle votait la réunion à la France, le général Montesquiou écrivait à Doppet, vice-président de cette assemblée, la curieuse lettre qu'on va lire :

« Landecy, près Genève, le 28 octobre 1792.

« Je suis de ceux qui pensent que ce
n'est ni l'intérêt de la France, ni l'intérêt
de la Savoie, de se réunir. Ce n'est pas l'intérêt de la France, parce qu'elle ne doit pas
effaroucher l'Europe par un agrandissement
de territoire, auquel elle a formellement re-
noncé. La réunion n'est pas non plus de
l'intérêt de la Savoie, car des impositions
mises en proportion de la dette française,
mettraient ses charges au-dessus de ses
moyens.

« D'ailleurs est-il sûr que la constitution
française convienne déjà au peuple savoisien? Et comment la Savoie peut-elle savoir aujourd'hui si la constitution française,
qui n'existe pas encore, lui conviendra? Je
pense donc que ce qui conviendrait le
mieux aux deux peuples, serait la formation
de la Savoie en république indépendante,
alliée de la France, et ce qui, dans la suite,
serait peut-être le plus utile à la Savoie, ce
serait d'entrer dans la Confédération helvé-
tique. »

Encore une fois, quel bizarre « conquérant » que ce général qui étudie

avec tant de soins les raisons qui doivent pousser la province « conquise » vers d'autres destinées que celles de la nation dont il commande les troupes.

Nous fera-t-on la grâce de nous accorder que l'on n'a jamais vu de conquête conduite de la sorte ?

Mais il convient, en outre, de faire remarquer que les idées exprimées par le général Montesquiou ne lui sont pas seulement personnelles, elles sont en accord absolu avec les principes proclamés par la Convention.

Cette assemblée, après avoir entendu la lecture de la lettre par laquelle Montesquiou annonçait l'occupation de la Savoie et demandait des instructions sur l'attitude à prendre à l'égard de notre pays, renvoya l'étude de la question à son comité diplomatique.

Le 24 octobre, Marc-David Alba-Lasource, député du Tarn, donna lecture à l'assemblée, au nom de ce comité, du rapport élaboré à ce sujet et qui trace la conduite à prescrire aux généraux français en pays ennemi.

Remarquons en passant que ce mot « pays ennemi » ne s'applique pas à la Savoie, mais à d'autres régions où les armées françaises ont pénétré depuis l'occupation de notre province.

Le rapport du comité est particulièrement instructif, mais son étendue ne nous permet pas de le reproduire en entier dans cette rapide étude. Nous devons nous borner à n'en donner que quelques passages. Il débute ainsi :

« Citoyens,

« A peine entré en Savoie, le général Montesquiou demanda des instructions sur la conduite qu'il devait tenir envers un peuple qui l'avait reçu plutôt en frère et en libérateur qu'en ennemi et en conquérant.

« On vous proposa de déclarer d'une manière solennelle que, conformément à votre renonciation aux conquêtes, vous n'entendez point dicter des lois aux habitants de la Savoie, mais seulement les protéger contre les efforts de leurs tyrans, et leur prêter la force de vos armes pour conquérir la liberté.

« En appuyant cette déclaration, on vous proposa de l'amender par une condition expresse que vous ne prêteriez aux Savoisiens l'appui de vos forces qu'autant qu'ils renonceraient comme vous à la royauté. »

Eh bien ! qu'on veuille le remarquer, cette dernière restriction, pourtant assez naturelle, le comité de la Convention la repousse formellement. Il ne reconnaît pas à la République française le droit d'obliger les Savoisiens à renoncer à la royauté.

« Une condition proscrite, dit le rapport du comité, laisse-t-elle la liberté tout entière ? Eussiez-vous incontestablement le droit d'imposer cette condition sans attenter à la liberté, rien ne serait à la fois plus prématuré et plus inutile.

« Les Savoisiens voudront conserver ou abolir la royauté. S'ils veulent l'abolir comme vous, laissez-leur le soin de le délibérer, et la gloire de le proclamer solennellement... »

Et plus loin :

« Vous défendrez donc à vos généraux de prendre possession d'aucun territoire au nom de la nation française, qui ne veut posséder que ce qu'elle a ; mais vous leur ordonnerez de proclamer en entrant dans un pays, que la nation française le déclare affranchi du joug de ses tyrans et libre de se donner, sous la protection des armées de

la République, telle organisation provisoire, telle forme de gouvernement qu'il lui
plaira d'adopter. »

A la suite de la lecture de ce rapport,
la Convention nationale vota un décret
conforme à ses conclusions.

Comme nous voilà loin, n'est-il pas
vrai, de la version que cherchent à accréditer les contempteurs de l'annexion
de 1792!!

CHAPITRE IV

Absence de tout gouvernement -- Les Sociétés
populaires, leur rôle, leur propagande. --
Proclamation des délégués de la Convention
au peuple savoisien. — Manifeste des Amis
de la Liberté et de l'Egalité.

Par les témoignages qu'on vient de
lire et dont l'autorité ne saurait être
suspectée, nous venons de démontrer
de façon invincible que ni la Convention, ni le général qui commandait en
Savoie l'armée d'occupation ne cher-
chèrent, ne songèrent même à peser
sur l'opinion pour déterminer nos pères à se prononcer en faveur d'une annexion de leur pays à la France.

On a d'ailleurs pu constater que l'é-
tablissement d'une république indépendante en Savoie aurait été consi-
déré par de nombreux conventionnels,

4

et aussi par le général Montesquiou, comme préférable à une annexion. Des scrupules de haute moralité et de graves raisons tirées de la politique étaient invoqués pour conseiller cette solution aux hommes qui dirigaient le gouvernement de la République française.

Il nous reste maintenant à faire connaitre comment la réunion de la Savoie à la France fut votée par l'Assemblée nationale souveraine des Allobroges. Et nous fournirons la preuve de l'incontestable légitimité des pouvoirs conférés par les populations aux membres de cette assemblée; nous montrerons qu'ils ne furent pas seulement reconnus et acceptés par le peuple, pour la première fois appelé à exercer sa souveraineté, mais aussi par tous les anciens corps constitués, même par le Sénat, même par le clergé.

Reprenons donc l'intéressant récit des événements de cette époque, dont l'histoire est si peu connue du grand public, que nous voyons, à la faveur de cette ignorance, certains fanatiques de l'ancien régime entreprendre, avec une audace stupéfiante, de la travestir et de la dénaturer au point de la présenter sous un aspect qui est exactement l'opposé de la vérité.

Nous avons dit déjà que le général Montesquiou avait scrupuleusement respecté les anciennes institutions administratives, judiciaires et municipales du pays, laissant en place magistrats et fonctionnaires ; cela suffisait pour assurer provisoirement l'ordre matériel et la bonne expédition des affaires publiques et privées.

Mais les personnages qui représentaient plus directement l'autorité du roi de Sardaigne en Savoie avaient suivi l'armée piémontaise dans sa fuite précipitée, et si l'administration fonctionnait encore, le gouvernement avait disparu.

La direction politique du pays échut alors aux associations populaires qui, au lendemain même de la délivrance, s'étaient spontanément formées, à Chambéry d'abord, puis dans la plupart des villes et des bourgs, sous le nom de « Sociétés des amis de la Liberté et de l'Egalité, » plus tard appelées « Clubs des Jacobins, » à l'exemple de Paris. Toutes ces associations, étroitement liées entre elles par la communauté des sentiments et des aspirations, mirent une extrême ardeur à répandre en Savoie les principes de la Révolution, à y propager le culte de la liberté.

Ce fut auprès d'elles qu'en l'absence d'un gouvernement régulier, le pays allait chercher ses inspirations. Les ardents patriotes qui en faisaient partie étaient tous partisans résolus de la réunion de la Savoie à la France ; ils s'en firent les apôtres actifs, exaltés et n'eurent pas de peine à faire prédominer cette idée qui s'était, d'ailleurs, la première et tout naturellement présentée à l'esprit des populations.

C'est avec ces Sociétés, seule organisation politique existant alors en Savoie, que les commissaires de la Convention, délégués à l'armée des Alpes, entrèrent en relation dès leur arrivée à Chambéry.

Le 6 octobre, ces commissaires qui étaient Dubois-Crancé, Gasparin, J.-P. Lacombe-Saint-Michel et Philibert Simond, adressèrent au peuple savoisien une proclamation, dont voici les passages saillants :

« Frères et amis,

« Vous avez recouvré vos droits, ces droits imprescriptibles de tous les peuples qui, seuls, sont souverains. L'unique prix que la France attend des sacrifices qu'elle a

faits pour vous les obtenir c'est de vous en
voir jouir dans toute leur plénitude ; c'est
de vous voir employer les moyens de les
conserver...

« ...Vous ne devez aux Français que de
l'estime et de la reconnaissance ; vous n'a-
vez plus à redouter les Piémontais ; et pendant que nos armées veilleront à votre sûreté, occupez-vous d'assurer votre liberté.

« Si vous voulez rester sous le joug de
vos anciens préjugés, vous êtes les maîtres ; les Français, en vous plaignant, res-
pecteront jusqu'à votre aveuglement et ne
s'occuperont que de leur propre sûreté. Si
vous voulez un gouvernement libre, fondé
sur l'égalité des droits de tous les citoyens
sans distinction, nous vous jurons, au nom
de la nation française, paix et alliance éternelle.

« Mais quelle que soit votre volonté, nous
ne pouvons la reconnaître que dans le peuple assemblé, en prenant son vœu à la majorité.

« Des républicains tels que nous ne s'enor-
gueillissent que du bien qu'ils font ; fiers des
succès de nos armes, nous pourrions vous
donner des ordres ; mais la Rép, ubli-
que française a effacé de ses annales les

mots de roi, de maître et de sujets; elle ne
voit que des frères dans les peuples qui ont
eu des rapports avec elle, et nous ne vous
devons en son nom que des conseils.

« Les assemblées primaires (suffrage universel) sont les seules où le peuple puisse
exercer sa souveraineté.

« Nous exhortons donc les Savoisiens,
libres aujourd'hui, sous l'égide des armées
françaises, à se réunir paisiblement et sans
armes, dans chaque commune, à l'effet de
nommer un député chargé d'exprimer leur
vœu dans une assemblée générale pour l'organisation d'un nouveau gouvernement. »

C'est bien ici le cas de faire remarquer que cette proclamation des commissaires de la Convention est le seul
acte, absolument le seul, par lequel les
représentants de la France soient in-
tervenus dans les affaires intérieures
de la Savoie, et cela, — ils en font
eux-mêmes la constatation formelle, —
sous la forme de simples conseils;
ajoutons que pas une phrase, pas un
mot de cette proclamation, ne laisse
percer le désir de voir les Savoyards se
prononcer en faveur d'une réunion de
leur pays à la France.

Et cependant, l'un des commissaires, Philibert Simond, devait appeler d'un cœur bien fervent cette réunion, car c'était un Savoyard de Rumilly, un proscrit dont les électeurs du Bas-Rhin avaient fait, quelques semaines auparavant, leur député à la Convention.

De son côté et le même jour, 6 octobre, la « Société des amis de la Liberté et de l'Egalité », après avoir pris connaissance de la proclamation des commissaires, lança, pour l'appuyer, un manifeste au pays qui précisait les conditions dans lesquelles devait avoir lieu le vote populaire.

Cet appel fait connaître que la Société a arrêté d'envoyer dans les sept provinces de Savoie quatre commissaires, afin d'inviter chaque commune à se réunir le 14 octobre « pour nommer un « député chargé de se rendre à Chambéry, le dimanche 21 du même mois, « pour délibérer sur les grands inté- « rêts de la patrie et apporter le vœu « de leurs communes respectives sur le « gouvernement que la Savoie doit « adopter. »

CHAPITRE V

Le vote du 14 octobre. — Réunion des députés des communes à Chambéry. — Vérification dès mandats. — La presque totalité des communes demande l'annexion.

Lorsque le 14 octobre arriva, une seule pensée : la reconnaissance pour la nation française, un seul désir : celui d'être uni à la France, animaient la Savoie tout entière. Aussi peut-on assigner au 14 octobre 1792 la date virtuelle de l'annexion de la petite patrie à la grande.

S'empressant à l'appel des cloches, les électeurs de toutes nos communes s'assemblaient dans les églises paroissiales dont les voûtes entendirent, pour la première fois, proclamer le cc de du monde nouveau : « la Déclaration des droits de l'homme et du citoyen », véritable crédo de l'égalité et de la liberté, que les soldats de la France apportaient dans les plis du drapeau tricolore. Et sous l'inspiration de cette charte de l'humanité, on procédait à l'élection des députés qui, presque partout, reçurent le mandat formel, étroit, de réclamer l'incorporation du pays allobroge à la République française.

Nulle part, en ce jour mémorable pour la Savoie patriote, l'ordre ne fut troublé ; jusqu'au fond des villages les plus reculés on vota avec empressement et au milieu des manifestations de la joie et de l'enthousiasme le plus vif ; chose à noter, dans une foule de localités, les réunions électorales furent présidées par les curés et bon nombre d'entre eux furent choisis pour députés.

Une semaine après ce grand vote, le 21 octobre, les élus de toutes les communes de la Savoie — moins 4 — se réunirent à la cathédrale de Chambéry, sous la présidence de leur doyen d'âge, le citoyen Monachon, député de Saint-Jeoire.

A la suite de la vérification des pouvoirs, qui se termina au cours de la deuxième séance, il fut reconnu que sur 655 communes que comptaient alors les sept provinces de la Savoie, 579 avaient chargé leurs députés de demander l'annexion à la France, 70 avaient donné à leurs mandataires des pouvoirs illimités pour choisir le gouvernement convenant le mieux aux intérêts du pays ; enfin, deux communes — Ontex et Pesey — s'étaient prononcées en faveur d'une république indépendante ; 4 communes n'étaient pas représentées, parmi lesquelles 3 — Lanslevillard, Bessans et Bonneval — par cas de force majeure, ces localités des hautes montagnes touchant à la frontière italienne étant encore occupées par des troupes piémontaises, l'autre était Musiège.

On voit par là combien nous avions raison d'affirmer, comme nous l'avons fait tout à l'heure, que l'annexion libre et spontanée de la Savoie à la France, date virtuellement du jour de l'élection des députés des communes, leur assemblée ne devant plus, après les votes du 14 octobre, que ratifier et donner une forme légale à la volonté si énergiquement et unanimement exprimée par le suffrage universel.

On nous permettra bien maintenant de n'opposer plus que le dédain aux

allégations absurdes des contempteurs
de l'œuvre de nos pères, osant encore
prétendre, contre toute vérité, que
l'annexion de la Savoie à la France, en
1792, ne fut que la conséquence forcée,
imposée d'une « conquête brutale. »

Qu'un aristocrate de naissance, élevé
dans un monde où la haine de la
Révolution est traditionnelle, nous
raconte la légende ridicule qu'il cherche
aujourd'hui à accréditer, cela se com-
prend ; mais comme il est assez peu pro-
bable que les ancêtres des roturiers qui
font chorus avec lui aient figuré à
Coblentz parmi les émigrés, ni que
leurs châteaux aient été brûlés sous la
Révolution, nous nous demandons où
leurs petits-enfants ont bien pu aller
chercher les besicles qui leur font voir
sous un jour si prodigieusement faux
les événements de septembre et octobre 1792 !

CHAPITRE VI

L'Assemblée nationale souveraine des Allobroges. — Pourquoi elle prit ce titre.

Le 22 octobre, vers la fin de sa deuxième séance, l'Assemblée des députés
de la Savoie, qui venait de terminer la
vérification des mandats de ses membres, décida que les rapports qui avaient
été dressés à ce sujet ainsi que les pouvoirs que chaque député avait reçus de
sa commune, seraient déposés et con-
servés aux archives « afin de servir
« éternellement de preuves de l'atta-
« chement du peuple savoisien au gou-
« vernement républicain des Français. »
Puis il fut procédé à la nomination
du bureau de l'Assemblée : le citoyen
Decret, homme de loi, fut choisi pour
président, et Doppet, lieutenant-colonel de la Légion des Allobroges, pour
vice-président.

Dans la séance du matin du 23, le bureau fut complété par la nomination de quatre secrétaires, les citoyens Gumery, Jacquier, Favre et F. Chastel, et des commissaires-inspecteurs Chastel, lieutenant dans les Allobroges, Perretti, Lyonnaz, Chamoux et Brunier.

L'Assemblée était constituée.

Dans la séance de l'après-midi du 23, avant d'entrer en discussion sur l'ordre du jour, tous les députés, aux acclamations des citoyens placés dans les tribunes, prêtèrent le serment « d'être fidèles à la nation, de mainte- « nir la liberté et l'égalité et de mou- « rir en la défendant ».

La première motion qui fut faite et adoptée après ce serment, fut celle de la déchéance de la Maison royale de Savoie.

Puis la discussion s'étant ouverte sur le mode de gouvernement qu'il convenait à la Savoie d'adopter, un député fit observer qu'il résultait des rapports faits sur les mandats que les communes de la Savoie désirent être réunies à la France, mais il ajouta : — « Il con- « vient à l'Assemblée de se déclarer « Assemblée nationale souveraine « pour pouvoir traiter avec la nation « française. »

Nous soulignons à dessein cette observation, car elle caractérise la préoccupation alors dominante des représentants de la Savoie aussi bien que de ceux de la France qui tiennent à bien affirmer, à prouver surabondamment qu'en dehors des liens d'affection et de reconnaissance liant les deux peuples, la liberté seule, une indépendance complète président à leurs rapports.

C'est sous l'inspiration de ce fier sentiment que les députés de nos communes donnèrent à leur assemblée le titre d'« Assemblée nationale souveraine des Allobroges ». Ne semble-t-il pas qu'ils aient ainsi voulu, par avance, répondre à ceux qui, aujourd'hui, présentent leurs votes en faveur de la réunion à la France comme le résultat de l'oppression d'un vainqueur brutal, comme la conséquence lâche de craintes qui, certes, étaient bien loin de leurs âmes ?

CHAPITRE VII

Principales décisions de l'Assemblée des Allobroges. — Vœu solennel de l'annexion à la France. — Adresse de l'Assemblée à la Convention. — Manifeste aux Savoyards.

L'Assemblée des Allobroges siégea du 21 octobre au 29 du même mois; elle tint presque chaque jour deux séances qui furent laborieusement remplies au milieu d'un ordre parfait.

Voici les principales résolutions qu'elle adopta :

Déchéance de la Maison de Savoie ;

Suppression des sept provinces et unité indivisible de l'Allobrogie ;

Réorganisation des corps municipaux et des tribunaux ;

Retour à la nation des biens du clergé, en réservant leur usufruit aux titulaires ecclésiastiques ;

Suppression de la dîme ;

Mise sous séquestre des biens des émigrés qui ne rentreront pas en Savoie dans un délai de deux mois ;

Abolition des privilèges ;

Suppression des droits féodaux ;

Abolition des douanes sur les frontières de France ;

Abolition de la gabelle des sels et des tabacs ;

Prohibition des jeux de hasard ;

Abolition de la torture ;

Vœu solennel de l'annexion de la Savoie à la France.

Enfin, dans sa dernière séance, l'Assemblée institua une Commission de vingt-quatre membres chargée de gouverner le pays et de pourvoir à son administration, tandis que ses commissaires porteraient à la Convention le vœu du pays demandant sa réunion à la France.

L'article 1er de l'arrêté conférant aux commissaires de l'Assemblée des Allobroges la mission de se rendre auprès de la Convention nationale est ainsi conçu :

« Art. 1er. — Les députés de l'Assemblée nationale des Allobroges auprès de la Con-

vention nationale des Français, sont auto-
risés à lui présenter l'adresse qui leur sera
remise, et à énoncer le vœu général de la
nation des Allobroges, libre et indépendante, d'être unie et incorporée à la nation française pour en faire partie intégrante. »

De l'adresse que les envoyés de l'Assemblée furent chargés de remettre à
la Convention, détachons le passage
suivant :

« Législateurs, si, défenseurs des droits
de l'homme, vous nous avez tendu une
main généreuse pour nous tirer de l'abîme
où nous étions plongés ; si, créateurs de notre liberté, vous avez anéanti nos tyrans ;
si, enfin, vous nous avez rendu à la dignité
d'hommes libres, vous avez vous-mêmes
prononcé entre la République française et
la nation savoisienne, union et fraternité ;
vous nous avez laissés les maîtres de nous
donner des lois ; nous avons agi ; la nation
savoisienne, après avoir prononcé la déchéance de Victor-Amédée et de sa postérité,
la proscription éternelle des despotes cou-
ronnés, s'est déclarée libre et souveraine ;
c'est du sein de cette Assemblée qu'est émis

le vœu d'être réunis à la République française, non par une simple alliance, mais par
une union indissoluble, en formant partie
intégrante de l'empire français.

« Législateurs, ce n'est point une assemblée d'esclaves tremblants à l'aspect des fers
qu'ils viennent de quitter, qui vous sup-
plient de la prendre sous votre protection;
c'est un souverain, admirateur de votre
gloire, demandant à en faire réfléchir sur
lui quelques rayons. »

Encore dans cette adresse réapparait
avec une force nouvelle la volonté de
bien montrer que l'Assemblée des Allobroges agit dans la plénitude de sa
liberté et de sa souveraineté. Ce même
sentiment se révèle avec non moins
d'énergie dans le manifeste de l'Assemblée aux habitants de la Savoie pour
lui faire part de la résolution qu'elle
vient d'adopter.

« Le vœu de réunion à la nation française, dit ce manifeste, émis unanimement
dans l'Assemblée savoisienne, a dû porter
vos représentants à saisir toutes les voies
qui leur paraissent les plus propres à vous

conduire au but que vous vous proposez d'atteindre.

« L'Assemblée nationale française ayant posé pour point fondamental de sa constitution de ne point faire de conquêtes, il était absolument nécessaire de détruire des motifs de refus incontestables. Demander en suppliant l'incorporation, c'eût été montrer à l'univers qu'étonnés de la liberté dont nous jouissons, nous n'avions pas trouvé dans nos cœurs l'énergie et la fierté qui constituent l'homme libre; et certes, la nation française, au plus haut point de gloire, eût-elle voulu s'associer quelques milliers d'esclaves ? Non, citoyens, elle eût, en nous élevant au nombre de ses frères, terni l'éclat de sa majesté.

« Protectrice du genre humain, elle eût fait croire au monde qu'elle ne travaillait à reculer les bornes de l'empire de la liberté que par un motif ambitieux, elle eût peut-être étouffé dans le cœur des peuples encore à naître à notre Révolution ce germe de liberté qui doit universellement se développer.

« Citoyens, portés par la confiance que vous nous avez donnée à obvier à tous ces inconvénients ; persuadés d'ailleurs qu'il était de la gloire de la nation savoisienne de s'élever autant au-dessus de ses fers qu'elle avait été avilie sous le despotisme de ses tyrans, l'assemblée de nos représentants s'est déclarée Assemblée nationale souveraine des Allobroges....

« Maîtres de vos volontés, les raisons qui motivaient le refus de la Convention nationale disparaissent ; et, traitant de souverain à souverain, on ne peut plus nous contester le droit de disposer de nottre sort. »

CHAPITRE VIII

Nomination des délégués chargés de porter à la Convention le vœu du pays.— Sages précautions en vue d'éventualités à prévoir. — L'Assemblée des Allobroges installe la Commission administrative et se sépare. — Autorité de l'Assemblée des Allobroges.— Hommages solennels qui lui furent rendus par le Sénat, les évêques de la Savoie et leur clergé.

Le 29 octobre, dans sa dernière séance, l'Assemblée des Allobroges fit choix de quatre de ses membres pour porter à la Convention le vœu du peuple savoisien d'être incorporé à la République française : — le citoyen Doppet, lieutenant-colonel de la Légion des Allobroges et vice-président de l'Assemblée, fut désigné par acclamation ; à la suite d'un vote, les citoyens Favre, Dessaix, hommes de loi, et Villars, lui furent adjoints.

Avant de se séparer, et en vue d'assurer l'avenir en toute occurence, l'Assemblée prit un décret dont voici le 1er paragraphe :

« Il sera convoqué une assemblée de représentants de la nation :

1o Dans le cas où la Convention nationale refuserait d'adhérer au vœu émis par les Allobroges pour être réunis à la nation française ;

2o Si la majorité des communes de la nation des Allobroges en faisait la demande à à la Commission provisoire d'administration ;

3o Lorsque la Commission provisoire d'administration en aura déterminé l'urgence ;

4o Si, jusqu'au 1er mars prochain, il ne se présente aucun de ces trois cas, la Commission sera tenue à cette époque de convoquer une assemblée des représentants de la nation. »

A la fin de la séance, les membres de la Commission provisoire d'administration se présentèrent à la barre de l'Assemblée et prêtèrent le serment d'être fidèles à la nation, de maintenir la liberté et l'égalité, de mourir en la défendant et de ne pas abandonner leur poste.

Puis l'Assemblée se déclara dissoute et les députés se séparèrent « sous les auspices de la liberté et de l'égalité. »

Telle fut cette Assemblée des Allobroges que, soit par ignorance, soit par insigne mauvaise foi et peut-être sous l'action de ces deux mobiles, on cherche à nous représenter comme un ramassis de gens sans autorité, sans dignité, se réunissant et délibérant sur l'ordre d'un général ennemi et se conformant lâchement à ses injonctions ; livrant hypocritement la patrie à l'envahisseur ; abjecte au point de consentir à donner une apparence de légalité à l'annexion par la conquête.

Mais, pour l'honneur de la Savoie, l'Assemblée des Allobroges fut tout autre ; un sentiment de fierté patriotique, presque ombrageuse, l'animait, la soutenait dans toutes ses actions, inspirait chacune de ses décisions. Eprise de cet idéal qui faisait alors battre tous les cœurs d'une sublime espérance, elle proclama, la première en ce pays, les principes de justice et de liberté, qui sont aujourd'hui le patrimoine des citoyens, la sauvegarde de la société. elle fut admirablement laborieuse, politique aussi dans le sens le plus noble de ce mot, car l'équité, la loyauté, la générosité, une altière droiture lui dictèrent sa conduite dans les plus difficiles circonstances.

Elle posséda, d'ailleurs, au plus haut degré, l'estime et la confiance de toute la Savoie, et son autorité ne reçut jamais aucune atteinte. Parmi les hommages qu'elle reçut et dont le souvenir a été consigné, nous citerons, pour la toute spéciale édification de ceux qui appartiennent à un parti pour qui l'ancien Sénat de Savoie est une sorte d'arche sainte, la démarche toute déférente et respectueuse que nous trouvons relatée comme suit au procès-verbal de la séance de l'Assemblée du 24 octobre:

« On a annoncé, dit le procès-verbal, que le Sénat avec l'Office public demandaient à se présenter à la barre. L'Assemblée consultée a décidé qu'ils y seraient introduits. L'orateur (le président Giaime) a prononcé le discours suivant :

« Citoyens,

« La Savoie est devenue libre, la nation
« exerce sa souveraineté ; vous en êtes les
« augustes représentants; c'est en cette qua-
« lité que nous venons vous offrir nos hom-
« mages et vous demander vos ordres. Il est
« bien consolant pour nous de ne les rece-
« voir que d'un peuple libre, et pour le bon-
« heur de tous les citoyens, à qui nous de-
« vons rendre la justice, pendant que vous
« nous en jugerez dignes. »

Et, après une réponse du président de
l'Assemblée qui félicite les membres du
Sénat d'être devenus les magistrats du
peuple, les sénateurs prêtent le serment
d'être fidèles à la nation et de maintenir la liberté et l'égalité.

Après le Sénat, le clergé :

Au début de la séance du matin du
26 octobre, l'évêque de Chambéry,
Mgr Conseil, accompagné de son chapitre et de plusieurs ecclésiastiques,
ayant été admis à se présenter à la
barre de l'Assemblée, prononça le discours suivant :

« Citoyens,

« Le clergé de cette ville vient offrir ses
hommages à la nation, et l'assurer de son

zèle à maintenir les vrais principes de la religion; il n'emploiera la confiance que les peuples pourraient lui accorder que pour inspirer la soumission aux lois, qui caractérisera toujours le vrai citoyen. Nous sommes persuadés que cette glorieuse époque sera celle du bonheur et de la félicité de la nation allobroge, et que la postérité la plus reculée sera pénétrée de la plus vive reconnaisance pour le bienfait signalé que la République française vient de lui procurer. »

Comme son collègue de Chambéry, l'évêque de Tarentaise, Mgr Joseph de Montfalcon, donna, par lettre en date du 15 novembre, son adhésion complète aux actes et aux résolutions de l'Assemblée nationale, et, le 4 décembre, lorsque parvint à Moûtiers la nouvelle du décret de la Convention proclamant l'annexion de la Savoie à la France, on vit ce prélat prendre part, au premier rang, à la manifestation qui eut lieu à cette occasion; puis, le 9 décembre, à la cathédrale, entouré de son clergé, il entonnait personnellement le *Te Deum* pour préluder à la grande fête civique qu'organisèrent les habitants de Moûtiers afin de célébrer cette heureuse union.

Nos contradicteurs, qui passent gé-
néralement pour honorer d'un profond
respect les dignitaires de l'Eglise, sus-
pecteront-ils les témoignages de l'évêque et du chapitre de Chambéry, ainsi
que les manifestations sympathiques et
réitérées de l'évêque de Moûtiers en
faveur de l'Assemblée des Allobroges et
de la réunion de la Savoie à la République française ?

CHAPITRE IX

Nouvelle preuve bien caractéristique de l'indépendance dont jouissait le gouvernement provisoire de la Savoie vis-à-vis de l'autorité militaire française.

Nous touchons au terme de cette étude, n'ayant plus qu'à rapporter l'accueil favorable qui fut fait par la Convention aux députés des Allobroges, apportant le vœu de leur pays, et l'annexion qui en fut la conséquence.

Mais, comme le but que nous nous sommes proposé en l'entreprenant était — en même temps que nous ferions connaître sous son vrai jour ce chapitre de notre histoire si beau et pourtant à peu près ignoré — de fournir, par un faisceau de faits précis et de documents irréfutables, la preuve de l'indépendance absolue en laquelle la

Savoie demeura lorsqu'elle disposa ainsi de ses destinées, il nous semble utile de relater encore un incident qui vient corroborer puissamment cette vérité.

Dans sa séance du 9 décembre — remarquons, en passant, qu'à cette date les décrets des 27 et 29 novembre de la Convention prononçant la réunion de la Savoie à la France étaient officieusement connus depuis trois jours — la Commission provisoire d'administration des Allobroges fut saisie, par son président, d'une tentative d'empiète-ment sur son autorité, de la part du général Dornac, qui venait de succéder à Montesquiou à la tête de l'armée d'occupation.

Reproduisons le passage du compte-rendu de la séance de la Commission qui a trait à cet incident :

« Le président ouvre un paquet où se trouvent enfermés un grand nombre d'imprimés, sans date, portant en tête le nom de « Jean-Jacques La Roque-Dornac, lieute- « nant-général commandant en chef de l'ar- « mée des Alpes » ; et pour titre : « Procla- « mation du général en chef de l'armée « française en Savoie sur les attroupements

« illégaux ; » et au bas : « Le lieutenant-gé-
« néral commandant l'armée des Alpes :
« DORNAC. »

« Le président annonce qu'il n'y a dans le
paquet aucune lettre d'envoi ; il fait lecture
de cette proclamation, où il est dit entre autres que « des attroupements ont lieu dans
« divers endroits, au sujet des droits féo-
« daux. Que c'est au mois de janvier pro-
« chain que ces droits doivent cesser d'être
« perçus, et que si d'autres attroupements
« se formaient au mépris des lois, le géné-
« ral déclare qu'il ferait repousser la force
« par la force. »

« Cette lecture excite un mouvement de
surprise et d'indignation dans toute l'assemblée.

« L'on observe que, dans cette proclamation, le général publie lui-même une loi
martiale, qu'il annonce qu'il fera agir, par
sa seule volonté, la force armée contre les
citoyens, sans attendre les réquisitions des
autorités constituées, ce qui est contraire à
tous les principes d'un gouvernement libre
et blesse essentiellement la souveraineté de
la nation. Qu'enfin cette proclamation blesse
les lois de l'Assemblée nationale des Allobroges et tend à faire revivre, jusqu'au mois

de janvier prochain, des droits abolis par cette assemblée, par son décret du 27 octobre dernier, etc.

« La commission arrête qu'il sera écrit aux différentes municipalités de ne donner aucun cours à cette proclamation qui sera renvoyée à un comité général qui se réunira avant la séance du jour suivant. »

A la séance du surlendemain, 11 décembre, après avoir pris connaissance d'une dépêche du ministre de l'intérieur, datée de Paris, 6 décembre, qui lui transmet les décrets de la Convention prononçant la réunion de la Savoie à la France, la Commission provisoire d'administration, sur l'avis du comité saisi de la question, arrête « qu'il sera écrit au général Dornac « que sa proclamation étant contraire « aux lois, l'administration n'a donné « aucune suite à l'envoi qui lui en avait « été fait. »

Nous n'avons rappelé ce curieux incident que pour bien démontrer aux contempteurs de l'annexion de 1792, qu'ils calomnient fort gratuitement les citoyens qui gouvernèrent et administrèrent la Savoie entre l'époque de la fuite des Piémontais et celle de l'annexion, lorsqu'ils les représentent comme les serviles exécuteurs des volontés des chefs militaires français.

CHAPITRE X

Les envoyés de l'Assemblée des Allobroges auprès de la Convention annoncent le succès de leur mission. — Le décret de la Convention acceptant la réunion de la Savoie à la France. — Arrivée des commissaires de la Convention et organisation du département du Mont-Blanc.

Ce fut le 3 décembre qu'arriva à Chambéry la certitude que la mission des délégués de l'Assemblée des Allobroges auprès de la Convention avait abouti au résultat désiré. Elle fut tout d'abord apportée à la séance de la Commission provisoire d'administration par une lettre du citoyen Charles Duval, membre de la Convention, disant que « le vœu des Allobroges a été accepté « et que la Convention nationale a « prononcé le décret de réunion de

« l'Allobrogie à la République fran-
« çaise. »

Sa lecture soulève, dans l'assemblée
et dans les tribunes, des applaudissements frénétiques et de longs cris de
joie.

Immédiatement on décide que l'heureuse nouvelle sera transmise dans la
Savoie entière par des courriers extra-
ordinaires, ordre est donné que les cloches de chaque commune soient en
même temps sonnées à toute volée.

Puis, dans la même séance, on appor-
ta à la Commission une dépêche datée
de Paris, 27 novembre, écrite par les
députés de l'Assemblée des Allobroges
Doppet, Dessaix, Favre et Villars et
confirmant la lettre de Duval.

« Il serait impossible, disent en termi-
nant les députés allobroges, d'exprimer les
transports de la joie la plus vive qui se sont
manifestés dans la Convention et les tribunes lors de la réunion ; des cris d'allégresse
multipliés ont fait retentir la salle, et l'atten-
drissement universel qui a succédé a bien
fait voir que, si les Allobroges, jusqu'à ce
jour, avaient eu toute autre patrie que la
France, les Français dès longtemps les
portaient dans leurs cœurs. »

Le décret de la Convention du 27 novembre prononçant la réunion de la Savoie à la France, débute en ces termes :

« La Convention nationale, après avoir entendu le rapport de ses comités de constitution et diplomatique, et avoir reconnu que le vœu libre et universel du peuple souverain de la Savoie, émis par les assemblées des communes, est de s'incorporer à la République française ; considérant que la nature, les rapports et les intérêts respectifs rendent cette union avantageuse aux deux peuples, déclare qu'elle accepte la réunion proposée, et que, dès ce moment, la Savoie fait partie intégrante de la République française. »

Suivent les articles du décret stipulant que la Savoie formera un 84e département sous le nom de département du Mont-Blanc, qu'elle aura une représentation de dix membres à la Convention, que quatre commissaires, pris dans le sein de la Convention, seront envoyés pour procéder à son organisation, etc.

Ces commissaires furent les conventionnels Simond, Grégoire, Hérault de Séchelles et Jagot.

Ils arrivèrent à Chambéry le 15 décembre et furent reçus en séance extraordinaire par la Commission d'administration provisoire, au milieu des acclamations d'allégresse et d'un enthousiasme indicible.

Les administrateurs provisoires ayant déposé leurs pouvoirs entre leurs mains, les délégués de la Convention constituèrent à l'instant une « Commission d'administration générale du Mont-Blanc » chargée d'exercer l'autorité jusqu'à la complète organisation du département.

Le grand acte de l'annexion était accompli ; la Savoie était devenue partie intégrante de la France.

Qui donc, maintenant, oserait dire que ce fut contre son gré ?

CHAPITRE XI

Deux France ! — Effets singuliers de la haine de la Révolution. — L'esprit des émigrés. — Comment il faut aimer la France.

Pour le nombre, très petit par bonheur, de ceux qui, en Savoie, renient l'annexion de 1792 et injurient bassement les patriotes qui la firent, il y a deux France.

L'une, objet de léur culte aveugle et passionné, c'est la France de l'ancien régime : elle leur apparaît admirable en tout et radieuse, sans crimes ni souillures, irréprochable devant l'histoire ; s'ils la pouvaient ressusciter, comme d'un coup de baguette de fée, elle sortirait du passé pour revivre — monstrueux anachronisme — telle qu'elle exista jusqu'en 1789.

L'autre, dont ils voudraient effacer jusqu'aux plus mémorables souvenirs, c'est la France issue de la grande Révolution. La haine dont ils la poursuivent s'exaspère jusqu'à la frénésie et ils considèrent tous ceux qui l'ont servie comme des êtres vils, odieux, néfastes, méprisables

Ces sentiments éclatent avec une étrange et bien caractéristique violence dans un article que nous trouvons chez le *Défenseur*, un minuscule journal de Moûtiers, et dont nous détachons les abominables lignes qu'on va lire :

« Qu'on ne vienne pas nous dire que ce jour du 23 septembre 1792 fut celui « de la réunion de la Savoie à la France » ; car nous n'avons aucun goût pour les jeux de mots.

« Et d'abord, était-ce la France, la France chevaleresque et loyale, la France historique et reine du monde ; était-ce, disons-nous, la France, cette bande de vauriens, voleurs et assassins, lâches et sanguinaires, qui détenaient alors le pouvoir en France ? Est-ce que jamais des monstres comme Marat, Robespierre, Collot d'Herbois,

St-Just, eurent un cœur français, une âme française, une figure française ?

« Pour être Français, il faut être homme; en France, le tigre n'est pas chez lui.

« Etait-elle véritablement l'armée de la France, et agissait-elle au nom de la France, cette armée révolutionnaire, où quelques imbéciles (grisés de civisme, de liberté et autres grands mots riches d'alcool et vides de sens), mêlés de quelques fous furieux, et encadrés dans une poignée de braves soldats marchant en aveugles sous l'ordre de leurs chefs plus ou moins terrorisés par la présence des représentants du peuple ? Non, cette armée était celle de la Révolution, elle n'était pas celle de la France. »

Cette tirade odieuse, explosion de haine folle, ramassis d'injures ineptes, était à reproduire pour faire comprendre l'état d'esprit où se cristallisent les gens qui refusent de célébrer avec nous le Centenaire de notre première réunion à la France.

Pour ces malheureux — car nous ne pouvons que les plaindre, leur aberration confinant de trop près à la folie — la France qu'il faut aimer, honorer, servir, finit là où commence la Révolution. A partir de la prise de la Bastille et de la fuite du comte d'Artois ouvrant l'émigration, ils désertent par la pensée, ils se joignent, comme en un rêve, à ceux qui prirent les armes contre leur pays ; cent après le 14 juillet 1789, ils parlent comme parlaient les voltigeurs de l'armée de Condé.

La lutte gigantesque de la France, de la Révolution contre les rois coalisés et les factieux de l'intérieur, la formidable Convention qui, siégeant dans la tempête, faisait face à la fois à la guerre civile et à la guerre étrangère, décrétait audacieusement la victoire et la forçait à se plier à ses ordres, — toute cette épopée grandiose et tragique, fulgurante aurore de l'ère nouvelle — tout cela ne leur apparaît que sous l'aspect d'une sinistre sédition, conduite par une misérable bande de coquins sanguinaires, corrupteurs du bon sens du peuple.

Pour eux, il faut tirer un voile sur ces événements sublimes qu'ils considèrent comme indignes d'être inscrits dans nos annales; s'ils le pouvaient, ils arracheraient de l'histoire cette page, sauf à combler la lacune par l'ingénieux procédé du jésuite Loriquet écrivant en ses manuels *ad usum delphi-ni* : « Le marquis de Buonaparte, lieu-tenant général des armées de S. M. Louis XVIII, entre à Vienne. »

Ainsi, il y a encore des vivants — car ils vivent, quelque extraordinaire que cela puisse nous paraître — des Français dont le cœur et l'esprit sont demeurés avec ces fantômes évanouis : les émigrés de Coblentz qui servaient d'éclaireurs aux Prussiens de Bruns-wick, aux Autrichiens de Cobourg, aux Anglais d'York envahissant notre territoire ; avec les traîtres de Toulon, livrant leur port aux flottes britanni-ques. Ces singuliers contemporains se retournent vers ce passé, pour com-battre, au moins en imagination, dans les armées des rois ligués contre la pre-mière République ! Ils déplorent en-core, comme des désastres de « leur » France à eux, Valmy, Jemmapes, Tou-lon reconquis, Fleurus, Wattignies, Hondschoote, ces premières batailles gagnées par les armées de patriotes que le génie du grand Carnot improvi-sa. Hoche, Kléber, Marceau, Jourdan, Moreau, Custine, Kellermann, Du-mouriez, Pichegru, Houchard, Bona-parte, tous ces généraux qui condui-

saient à la victoire — et contre les
plus vieilles troupes de l'Europe — les
volontaires inexpérimentés mais intrépides de la première République, ne
furent pas des soldats de la France, on
les appelle « des imbéciles grisés de ci-
« visme et de liberté et autres grands
« mots riches d'alcool et vides de sens,
« des fous furieux, des chefs plus ou
« moins terrorisés par les représentants
« du peuple. »

Voilà comment pensent, voilà ce
qu'osent écrire les exclusifs et derniers thuriféraires de la France de
l'ancien régime !

C'est atroce, mais c'est en même temps
prodigieux comme un phénomène. Cela
dépasse tout ce que l'on pourrait ima-
giner et pourtant cela est !

Eh bien ! si ceux-là seuls doivent
refuser leur offrande à nos comités du
Centenaire, il n'y paraîtra pas beaucoup.

Chez nous, on aime la France comme il faut l'aimer, c'est-à-dire toute entière, avec ses gloires, ses grandes actions de tous les temps, de tous les ré-
gimes, et malgré ses erreurs, ses défail-
lances, qu'elles soient imputables à la
Royauté, à l'Empire ou à la République.

Réunie la dernière au faisceau national, la Savoie a fait pieusement sien tout le passé de la patrie commune ; son cœur s'exalte aux nobles souvenirs de son histoire, comme il s'attriste à celui de ses malheurs et de ses fautes.

Et si la première République, au milieu des effroyables périls de l'invasion et pour dompter les insurgés de l'intérieur, déchaîna la Terreur jacobine, la « Terreur rouge », les Bourbons de la Restauration ne livrèrent-ils pas leurs adversaires aux lâches excès de la « Terreur blanche » qui dura bien autrement, fut non moins atroce, et n'eut pas cette excuse : la Patrie en danger ! qui justifie même les crimes.

La Royauté n'a-t-elle pas, en outre, à son passif la Saint-Barthélemy, les Dragonnades, la Révocation de l'Edit de Nantes, et l'Empire ses sanglants coups d'Etat, ses proscriptions, ses guerres si funestes ?

Mais pour cela en faut-il moins aimer la France ; faut-il scinder l'affection filiale que nous lui devons, la lui mesurer d'après nos passions politiques, ravaler la chère patrie au niveau de nos misérables querelles de parti ?

Non, certes, le patriotisme, tel que les vrais citoyens le comprennent, doit s'élever si haut qu'il domine tout, qu'il prime tout et nous fasse voir la France, toute la France telle que l'a faite le fier, le gracieux, le puissant génie de sa race, telle que l'admirent tant de peuples jaloux, « le plus sympathique sourire de la civilisation moderne », selon l'expression récente d'un homme d'Etat voisin peu suspect de tendresse, le premier soldat du progrès, la terre la plus douce qui soit au monde, la nation généreuse par excellence, celle dont le bon Franklin a pu dire : — « Tout homme a deux patries, la sienne et la France ! »

Ce patriotisme-là, c'est celui des Savoyards, — moins, paraît-il, quelques demi-douzaines, et encore !

CHAPITRE XII

La contre-révolution et la Terreur en Savoie. — Période aiguë de 1793 à 1794. — Le serment civique imposé au clergé. — Les émigrés à Lausanne. — Révolte dans la vallée de Thônes. — Tentatives de rébellion à St-André, autour de Rumilly et à Annecy. — En Faucigny. — Trois prêtres fusillés. — Au Mont-Cenis. — Les suspects. — Nombre des gens emprisonnés. — Application modérée des mesures de salut public. — Retour à un régime régulier.

Le *Courrier des Alpes* annonce que, pour répondre à notre plaidoyer en faveur de la célébration solennelle du Centenaire de l'annexion de 1792, il va, à son tour, publier le récit des événements de la période révolutionnaire en Savoie.

7

Ce journal s'abuse étrangement s'il croit que ce récit, sous quelque jour qu'il soit présenté, si dénaturé que le fasse l'esprit de parti, puisse avoir pour résultat d'infirmer en rien la valeur des faits que nous avons exposés précédemment et qui démontrent la sincérité parfaite, l'admirable spontanéité du mouvement qui, en l'automne de 1792, poussa la Savoie dans les bras de la France.

Certes, personne n'ignore les tragiques événements des années qui suivirent : les tentatives contre-révolutionnaires des royalistes fomentant partout l'insurrection pour favoriser les armées de la coalition assaillant nos frontières ; la Convention, pour étouffer la guerre civile et jeter un défi à l'étranger, décrétant ces terribles mesures de salut public, dont l'application a pris dans l'histoire le nom de régime de la Terreur.

La Savoie, de même que toutes les autres provinces françaises, eut ses contre-révolutionnaires, s'efforçant à faire naître des troubles et, par conséquent, elle connut la Terreur. D'ailleurs, ces agitations y furent passagères et sans profondeur, aussi leur répression fut-elle relativement bénigne. La lutte de la contre-révolution et de la Terreur en Savoie, dans sa période aiguë, n'eut guère plus d'une durée de 18 mois, elle prit fin vers le milieu de 1794, tandis qu'en certaines parties de la France, notamment dans l'Ouest, elle se prolongea ardente, furieuse et sinistre pendant de longues années.

L'agitation contre-révolutionnaire eut, chez nous, pour point de départ le serment civique exigé du clergé et dont voici la formule :

« Je jure de veiller avec soin sur les fidèles de ma paroisse, de maintenir la liberté et l'égalité ou de mourir en les défendant. »

Le clergé demanda d'ajouter à cette formule ces mots : « en tout ce qui est de l'ordre politique ». On refusa d'admettre cette restriction au sens mystérieux.

Comme nous nous bornons simplement à exposer des faits sans porter de jugement sur le fond des choses, nous nous garderons d'apprécier l'opportunité de ce serment. Il nous semble cependant qu'en Savoie il n'eût pas été nécessaire, car :

« Les curés, dit Saint-Genis, avaient

applaudi à l'entrée des troupes françaises, ils s'étaient mêlés aux manifestations enthousiastes des populations, avaient salué avec bonheur les décrets d'abolition des privilèges et ne protestèrent même pas contre la spoliation des biens ecclésiastiques. Le peuple de Savoie et surtout la classe la plus nombreuse, les paysans, tout à fait étrangers aux regrets et aux illusions des émigrés, n'eurent d'inquiétude que pour la liberté du culte. »

Nous ajouterons même que cette préoccupation s'était manifestée dès les premiers jours et surtout le 14 octobre, lors de l'élection des députés des communes, car en beaucoup d'endroits on avait voté la réunion à la France avec cette seule réserve : la liberté du culte et l'indépendance des prêtres. Nous avons déjà fait connaître ailleurs que bon nombre de curés avaient été élus députés à l'Assemblée des Allobroges.

Nous pourrions dire encore que le serment civique n'engageant en rien la liberté de conscience, n'empiétant en aucune façon sur le domaine confessionnel, il eût pu être prêté sans inconvénient. Mais, nous le répétons, nous n'apprécions pas, nous enregistrons les événements tels qu'ils se déroulèrent.

La question du serment imposé produisit une scission profonde dans le clergé savoyard, dont un tiers environ se soumit à la loi; le reste émigra ou se cacha en des retraites qui furent d'autant plus sûres que, presque partout, l'autorité ferma les yeux, ne se préoccupant point de les découvrir.

Le mouvement de résistance du clergé insoumis fut surtout organisé et dirigé par deux prêtres actifs et remuants, l'abbé de Thiollaz, prévôt d'Annecy, et l'abbé de la Palme, vicaire de l'évêché de Chambéry. De Lausanne où ils s'étaient réfugiés et où se trouvait déjà le comte Joseph de Maistre, avec une foule d'autres émigrés, ils eussent voulu faire de la Savoie une autre Vendée.

Mais tous leurs efforts n'aboutirent qu'à de bien minces résultats que nous allons énumérer.

La première tentative de révolte et la plus importante partit de la vallée de Thônes.

C'était en avril 1793. La Convention venait de proclamer la patrie en danger. Des réquisitions d'hommes et d'argent avaient été décrétées. Sous l'influence d'une religieuse, Marie Avet, dite la Frigelette, qui avait couru toute la contrée pour exciter les habitants à la résistance, les réquisitions sont refusées, beaucoup de ceux qui étaient appelés sous les drapeaux se disposent à passer en Piémont, mais le temps leur ayant manqué, ils prennent les armes. Des feux sont allumés dans toute la vallée de Thônes, donnant le signal de l'insurrection.

« Le samedi 4 mai, dit un contemporain, M. de Lachenal, curé plébain de Thônes, qui a peut-être pris part à cette échauffourée, arrivent 150 paysans du Grand-Bornand, 100 de la Clusaz, 40 de Saint-Jean, 56 du Villard, 60 de Manigod, 50 des Clefs, Serraval et le Bouchet, 100 d'Alex, avec trois vieilles bombardes prises au château de Menthon ; réunis aux 200 hommes bien armés de Thônes, ils occupent les avenues de Faverges et celles d'Annecy. Le lundi 6, ils entendirent la messe à la chapelle de Thuy et les exhortations de six prêtres. Le mardi soir, ils virent venir, sous le rocher de Morette, une grosse troupe avec des lanternes, sur laquelle on tira un coup de bombarde ; le feu dura de part et d'autre jusqu'à ce qu'un mauvais drôle de Saint-Clair eût trahi et tourné le pont sous lequel on avait disposé des mines et le sentier qu'ils avaient fermé avec des abattis de bois et des blocs roulés. Ils gagnèrent les sommités en fuyant. Le 9, la troupe entra à Thônes où tout fut mis au pillage et brisé. Le 10, on tua Pierre Duroz, syndic, dont les trois fils étaient au service du roi, et qui se fit honneur de les avoir fait partir. »

Tout cela avait, en tout, duré un peu moins de cinq jours.

Il y eut d'autres représailles ; les insurgés pris les armes à la main, furent fusillés, ainsi que la Frigelette, Jean Avrillon, chef des royalistes du Grand-Bornand, le sacristain Louis Revet, le perruquier Pin, de Thônes, l'ex-officier Joseph Donnier ou Doncieu, reconnus comme les principaux promoteurs de la révolte.

Telle est l'histoire de cette affaire de Thônes, de beaucoup la plus importante des tentatives de résistance contre le nouvel état de choses établi depuis l'annexion et qui eut pour très funeste conséquence d'appeler sur le pays les

rigueurs de la Convention. Sans la sédition de Thônes, il est permis de croire que la Savoie n'aurait pas connu le
régime de la Terreur, car les décrets du Comité de Salut public,
alors exécutés dans tout le reste de la
France, étaient à peu près demeurés
lettré-morte chez nous.

Il est bon d'ajouter que, dès que cette rébellion fut connue, 112 communes
de la Savoie envoyèrent des volontaires pour la combattre; la plupart appri-
rent en route la fin de la révolte et rentrèrent.

Quelques temps après, à Saint-An-
dré, en Maurienne, un essai d'enrôle-
ment et d'appel aux armes ne réussit
pas davantage. Quelques émigrés, parmi lesquels le capitaine de Maréchal,
qui étaient rentrés pour fomenter ce
mouvement, furent pris et fusillés; des
paysans furent aussi arrêtés mais bientôt remis en liberté « comme ayant été
égarés par de fausses nouvelles ».

Au mois d'août 1793, les Piémontais
et les Autrichiens tentèrent de repren-
dre la Savoie; leurs armées, qui avaient
pénétré en Tarentaise, en Maurienne
et en Faucigny, furent bientôt repous-
sées par l'armée de Kellerman, à la-

quelle s'étaient joints des milliers de gardes nationaux savoyards. Le marquis de Magland, qui commandait les troupes sardes entrées en Faucigny, obtint l'aide d'un certain nombre de montagnards de la frontière, pour la plupart contrebandiers ; 17 d'entre eux qu'on trouva parmi les prisonniers sardes furent passés par les armes.

Vers la même époque, sur le bruit de la prochaine arrivée des Piémontais, deux vaines tentatives contre-révolutionnaires se produisirent à Annecy et aux environs de Rumilly, mais elles avortèrent devant la ferme attitude des populations.

Le 12 août, Longeray, maire de Marcellaz, s'étant concerté avec quelques ecclésiastiques royalistes, projeta d'enlever Rumilly. Les conjurés font sonner le tocsin à Montagny, Salles, Bloye, Saint-Félix, Boussy, Vallières. Mais les paysans restent sourds à cet appel et Longeray qui se présente avec 100 hommes devant Rumilly, y est reçu par les gardes nationaux qui se contentent de répondre par des railleries à ses sommations, et les pauvres diables qu'il a entraînés à sa suite s'enfuyent pris de panique.

Le 21 août, à Annecy les royalistes
profitent du départ d'un convoi de
grains destiné à l'armée pour ameuter
la population et surtout les femmes, en
disant qu'on veut affamer la ville. Les
femmes détellent les chariots, forcent
les portes de la prison, en tirent un
suspect, M. de la Fléchère, qu'on mène
de force à la maison de ville ; on enva-
hit l'évêché, où est installé l'évêque
constitutionnel Panisset, qui est obli-
gé de se cacher, et, fort embarrassé de
ce succès facile... on attend les Piémontais. A leur place, ce sont les
gardes nationaux de Rumilly et de
Chambéry, accourus à la hâte, qui se
présentent et rétablissent l'ordre sans
effusion de sang ni difficultés.

En 1794, trois prêtres émigrés qui
étaient rentrés, furent fusillés en exé-
cution de la loi punissant de mort les
émigrés saisis sur le territoire de la République ; c'étaient l'abbé Vernaz et
l'abbé Morand exécutés à Thonon, le
premier le 22 février, le second le 16
mai, et l'abbé Joguet exécuté à Cluses
le 14 août.

Enfin, en avril 1794, Masséna, ayant
pris la direction de l'armée des Alpes,
attaquait le Piémont simultanément

par la Maurienne et par la Tarentaise.
Les opérations militaires dirigées du
côté du Mont-Cenis échouaient inva-
riablement. On reconnut que ces insuc-
cès répétés étaient dus aux avis que
faisaient passer aux chefs autrichiens
quelques habitants de Lanslebourg et
de Lanslevillard. La réussite de la
campagne engagée et la sécurité de l'armée exigeaient qu'un exemple fût fait
pour cette trahison.

« Le représentant du peuple Gaston, dit
Saint-Genis, ordonna de transporter en
masse, dans les 48 heures, la population de
ces communes, avec les troupeaux et les
meubles, au fort Barraux. Les solda
envahissent le pays le 20 avril, jour de F
ques ; les hommes prennent la fuite et se ré
fugient dans les bois ou en Piémont ; à leur
retour, quelques semaines plus tard, on ne
les inquiéta point. Sur un millier d'habitants, 240 vieillards, femmes et enfants furent menés à Barraux, où on les retint deux
mois et demi. »

Tels sont rapidement, mais fidèle-
ment résumés, les principaux événements qui marquèrent en Savoie la pé-

riode de lutte entre la contre-révolution
et la Terreur.

Les émigrés, nobles, prêtres, militaires restés au service du Piémont et
autres, furent relativement très peu
nombreux dans notre province ; la liste
qui en fut arrêtée au 1er juillet 1794
contient 1.670 noms, parmi lesquels
1.030 ecclésiastiques. Deux mois plus
tard, elle n'en contenait plus que 1.472,
par suite de radiations.

Sauf Albitte, venu le dernier, les
commissaires de la Convention en Savoie furent plutôt modérés, presque dé-
bonnaires. Hérault de Séchelles, Simond, Jagot, Grégoire, Dumaz, se montrèrent plus rudes en leurs discours que
par leurs actes. Ils cherchaient à cacher,
sous des apparences et des paroles sé-
vères, leur désir de rétablir la paix publique par des mesures aussi douces
que le permettaient les terribles néces-
sités de cette époque tourmentée. « Ils
provoquèrent, dit St-Genis, plus de fêtes patriotiques que d'exécutions. » Simond, ancien prêtre et, comme tel, objet d'horreur pour le clergé, dénoncé
douze fois à la Convention pour « mo-
dérantisme », fut rappelé à Paris et
exécuté.

La redoutable loi des suspects fut appliquée assez doucement en Savoie. En avril 1793, les prisons d'Annecy renferment 3 prêtres « sur lesquels on a saisi des appels à la révolte », 5 nobles accusés « de recruter des soldats pour le roi sarde », et 58 bourgeois ou artisans « suspects d'incivisme. »

En 1793 et 94, il n'y eut que 132 nobles détenus dans les prisons de Chambéry, beaucoup furent élargis quoique mal notés. Aucun ne fut exécuté.

En septembre 1794, la prison de Carouge contient 17 nobles, celle de Bonneville, 4, celle d'Annecy 1 et 4 prêtres. Le registre d'écrou de la prison de Moûtiers porte, à la date du 18 ventose, an II, 7 prêtres, 7 paysans, 2 femmes et 1 noble ; à la date du 10 floréal, 10 prêtres, 8 femmes, 4 nobles, 31 roturiers.

Un rapport signé Morel et Gabet, à la date du 26 mai 1794, nous fait connaître le régime de la prison de Chambéry qui est assez doux : — les femmes, les hommes et les prêtres sont séparés, on y boit du vin vieux à l'ordinaire, la lecture et le travail y sont permis, les citoyens Chaboud et Bonjean poussent les attentions jusqu'à remet-

tre aux détenus une vingtaine de livres
de messe provenant de la bibliothèque
d'un couvent.

Les mesures de rigueur contre les
prêtres réfractaires et émigrés furent
très atténuées.

« Si l'on avait voulu être plus rigoureux,
dit le cardinal Billiet, dans ses « Mémoires
ecclésiastiques », on l'aurait pu, car il y
avait peine de mort contre les émigrés rentrés, et la plupart des prêtres mis en jugement étaient dans ce cas. »

Les ecclésiastiques émigrés qui se
firent prendre, furent retenus comme
suspects, beaucoup s'évadèrent et restèrent cachés, même aux environs de
Chambéry, ni dénoncés, ni poursuivis,
quoique leur présence ne fût un secret
pour personne ; quelques-uns furent
internés aux îles de Ré et d'Oléron, un
très petit nombre envoyés à Cayenne,
d'où ils revinrent, quelque temps plus
tard, libérés.

Au plus fort de la Terreur, la présence des prêtres aux enterrements
était tolérée, à la condition qu'ils fus-
sent en habit civil. Vers la fin de 1793,

on réorganisa le collège de Chambéry et sur 12 professeurs choisis par le Conseil général, on trouve 4 prêtres.

Cette tolérance et ces ménagements étaient d'usage général en Savoie. Un prêtre réfractaire, l'abbé Molin, curé d'Epierre, qui célébrait régulièrement la messe dans la chapelle des Corbières, disait lui-même qu'il s'était « tellement « familiarisé avec les gendarmes d'E- « pierre, que cependant on changeait « souvent, qu'ils s'amusaient et man- « geaient ensemble. » Ces bons rapports n'étonnaient personne.

Le curé Marcel Bouvier écrivait au vicaire général de la Palme qui, de l'étranger, continuait à exciter le clergé savoyard à une résistance opiniâtre : — « Par votre zèle outré, vous « faites plus de mal aux peuples que « ne leur en font les clubs ! »

Enfin, pour bien montrer que si, d'une part, la contre-révolution ne parvint à faire naître en Savoie ni troubles profonds, ni insurrections graves, notre pays, en revanche, ne connut pas au même degré que les autres parties de la France les excès du terrorisme ; ajoutons que la guillotine ne fonctionna nulle part chez nous, alors

que le terrible instrument était presque partout ailleurs dressé en permca-
nence !

A partir d'août 1794, un régime plus
régulier fut institué ; les pouvoirs extra-
ordinaires des conventionnels prirent
fin ; dès lors, on toléra ouvertement le
séjour des prêtre insoumis, on ferma
les yeux sur la rentrée des émigrés et
les anciens évêques purent librement
publier leurs lettres pastorales.

Que le *Courrier* s'amuse donc, puis-
que tel est son projet, à retracer les
événements de cette période tourmentée ; il n'y pourra trouver, que l'image
considérablement atténuée des convul-
sions et des luttes qui se produisirent
alors dans toute la France.

Et, ce qui lui sera absolument impossible, c'est de trouver dans le récit
qu'il se propose de faire, rien qui puisse lui permettre de contredire notre
thème relatif à la libre réunion de la
Savoie à la France, car il repose sur un
fait indéniable.

Qu'il y eût, en ce pays, quelques
contre-révolutionnaires et des mécon-
tents en 1973 et les années suivantes,
c'est un autre fait.

Mais ceci ne détruit pas cela.

D'ailleurs, qui donc oserait sérieusement, sincérement, chercher le cœur et la pensée de la Savoie parmi ces quelques centaines d'aristocrates inconsolables de la perte de leurs priviléges, de paysans égarés par les prêtres réfractaires, poignée de factieux noyés dans un demi-million de patriotes ?

Tandis qu'à l'exemple de leurs correligionnaires de l'Ouest et du Midi, mais fort heureusement sans le moindre succès, ils travaillaient à déchaîner la guerre civile pour favoriser les armées étrangères qui assaillaient de toute part le territoire de la République, on voyait — sublime contraste — la multitude ardente et profonde de nos volontaires, roulant des Alpes, véritable avalanche humaine, s'élancer aux frontières, montrant ainsi au monde que les cœurs savoyards suivent le cours des eaux de leurs montagnes.

Et l'on peut croire que ces patriotes intrépides, alors qu'ils s'en allaient faire de leurs poitrines les remparts de la patrie, ne maudissaient pas, comme nos beaux messieurs de la réaction le font aujourd'hui, les rigueurs qui sévissaient contre des traîtres ne songeant qu'à livrer à l'ennemi les vallées natales dégarnies de leurs défenseurs !

CHAPITRE XIII

La Savoie dans les armées françaises. La
Légion des Allobroges. — Les Volontaires
du Mont-Blanc. — La Patrie en danger et
la levée en masse. — Défense de la Savoie
en 1815, organisée par Dessaix.

Par l'annexion de 1792, la Savoie se
donna corps et âme à la France, mue
en cet élan admirable autant par des
instincts de généreux héroïsme que par
les sentiments filiaux de sa nationalité,
qui se réveillait après de longs siècles
de séparation, et s'affirmait avec véhémence.

C'est que la France — la mère enfin
retrouvée — était alors formidable-
ment menacée par la coalition des rois
dont la Révolution ébranlait les trô-
nes. L'ardent appel de la *Marseil-
laise :* — « Allons, enfants de la Pa-

trio » — était venu électriser les Savoyards, brûlant du désir de s'élancer
aux frontières pour partager la gloire et
les dangers de leurs frères.

Même avant l'entrée de Montesquiou
en Savoie, nos compatriotes, résidant
en France, s'étaient offerts nombreux
pour servir sous les drapeaux de cette
nation, et ceux qui habitaient Paris
formèrent le premier noyau de cette
vaillante Légion des Allobroges qui
s'illustra sur tant de champ de batailles, au siège de Toulon, en Espagne, en
Italie, et qui, sous les ordres de Dessaix, en septembre 1792, eut, pour
ses débuts, l'honneur et la joie de contribuer à chasser l'armée piémontaise
de la Savoie, la poussant, l'épée dans
les reins, à travers la Maurienne jus-
que sur les plateaux du Mont-Cénis.

Sitôt après l'annexion, la Légion,
dont l'effectif de guerre avait été fixé à
2,157 hommes, se compléta en Savoie
par des enrôlements volontaires ; toute
la plus belle jeunesse du pays accou-
rait dans ses rangs ; ses cadres étaient
formés par des avocats, des médecins,
des architectes, des étudiants aban-
donnant l'Université pour prendre le
fusil ; sa réputation était telle que les

soldats des autres corps désertaient pour s'y présenter. Lorsqu'elle fut au complet, les jeunes Savoyards qui n'avaient pu y trouver place formèrent immédiatement les six premiers bataillons des Volontaires du Mont-Blanc.

La Légion des Allobroges comprenait 14 compagnies d'infanterie légère de 120 hommes chacune, 3 compagnies de dragons légers et 1 compagnie d'artillerie légère de 160 hommes. Notons en passant que l'on présume — sans que cela ait été exactement prouvé — que la compagnie des artilleurs allobroges eut, pendant quelque temps, pour capitaine le jeune Napoléon Bonaparte, le futur empereur.

Le 22 août, avant de quitter Paris pour se rendre à l'armée des Alpes, les officiers des volontaires allobroges furent admis à la barre de la Convention et ils eurent les honneurs de la séance. Doppet prit la parole au nom de ses compagnons d'armes :

« Nous sommes, dit-il, ces Allobroges à qui vous avez permis de verser leur sang pour la France.

« Recevez nos derniers adieux, nous allons mourir. Mais nous mourrons teints du sang des despotes. Que le nom Allobroge, jadis si célèbre, renaisse avec splendeur ! »

Lorsque le Comité du Salut public proclama la « Patrie en danger ! » l'élan qui poussa les patriotes savoyards vers les armées de la République fut immense, irrésistible ; un contemporain, l'historien Albanis Beaumont, le constate en ces termes :

« On vit alors ces braves gens accourir en foule de tous les villages pour gagner la frontière et joindre l'armée française ; en plusieurs endroits, les officiers municipaux furent obligés de prendre des mesures pour empêcher cette espèce d'émigration, dans la crainte que les terres ne restassent incultes..... Il est vrai qu'après la reprise de Toulon et la paix des Pyrénées, la plus grande partie de ces volontaires regagnèrent leurs foyers, croyant avoir achevé ce qu'on avait exigé d'eux....

« Je n'entends pas parler des soldats de ligne fournis par ce département, car ceux-là, au nombre d'environ 16,000, restèrent constamment à leur poste, et leurs corps furent toujours au complet par le moyen de la réquisition ainsi que par la voie de la conscription. »

Et maintenant, nous demandons au rédacteur du *Nouvelliste de Bordeaux*, comment lui, Savoyard, il a osé écrire dans ce journal que l'annexion de la Savoie, en 1792, peut être comparée à celle que devait subir plus tard l'Alsace-Lorraine, arrachée toute sanglante et pantelante aux flancs de la France abattue ?

La passion politique prime-t-elle à ce point le patriotisme qu'on puisse, sans remords, présenter dans un révoltant parallèle nos pères intrépides, combattant d'un bras libre et vaillant dans les armées de la France, et nos frères infortunés de l'Est, contraints par la force à endosser, la rage au cœur, l'uniforme abhorré de l'Allemagne ?

D'ailleurs, de 1792 à 1815, — c'est-à-dire durant 23 ans environ, — la Savoie, pays militaire par excellence, ne cessa jamais de fournir aux armées de la République et de l'Empire une multitude de soldats admirables.

Puis, quand vinrent les tristes jours de la défaite et de l'invasion, alors que les diplomates de la Sainte-Alliance, réunis à Vienne, démembraient la France, lui arrachant ses plus légitimes conquêtes, des provinces — telles que la nôtre — qui s'étaient d'elles-mêmes offertes sans esprit de retour, on vit les Savoyards combattre jusqu'à la dernière heure pour conserver leurs vallées à la Patrie d'adoption.

Dessaix, ce général sans peur et sans reproche — notre Bayard, à nous — quittant alors la retraite où le retenaient ses glorieuses blessures non encore cicatrisées, reprenait les armes en ces circonstances suprêmes, ralliant les vétérans des plus anciennes guerres et des volontaires imberbes, levant des gardes nationales, formant en toute hâte une armée improvisée avec laquelle il tint la campagne et organisa une défense énergique, livrant des combats incessants et faisant subir aux austro-sardes de nombreux et sanglants échecs.

Et, de même qu'il avait été le premier, en 1792, à la tête des chasseurs allobroges, à chasser les Piémontais de son pays, il resta le dernier à les combattre, lorsqu'en 1815 ils y rentrèrent derrière les Autrichiens.

Aussi les habitants de Thonon, concitoyens de Dessaix, qui n'ont heureusement pas étudié l'histoire de la Savoie dans les mêmes livres que les détracteurs de l'annexion de 1792, songent-ils à ériger sur une de leurs places publiques la statue du Bayard de la Savoie.

CONCLUSION

L'annexion de 1860. — Les conservateurs
invoquent eux-mêmes les souvenirs de 1792
pour réclamer la réunion de la Savoie à la
France. — Communions tous en l'amour de
la Patrie française.

Les traités de 1815 purent de nouveau tracer une barrière politique et
fiscale entre la France et la Savoie, mais
ils demeurèrent impuissants à relâcher
les mille liens d'affection et de communauté d'intérêts qui unissaient les deux
pays ; les combinaisons de la diploma-
tie furent vaines, et, désormais, le Savoyard ne chercha plus sa vraie patrie
que de l'autre côté du Rhône, non par
de là les Alpes ; et ce n'était point
tant les Alpes elles-mêmes qui nous
séparaient du Piémont que les senti-

ments et les affinités qui persistaient vivaces au fond des cœurs.

Aussi, en 1860, la seconde annexion se fit-elle comme par enchantement ; un vote quasi unanime la consacra, la scella, tout comme si les 45 années de la séparation n'avaient jamais existé ; elle fut la conséquence inéluctable de celle de 1792.

Et nous sommes heureux de constater que le parti dans les rangs duquel se trouvent, à cette heure, les rares contempteurs de l'annexion de 1792, pensait en 1859 et en 1860 comme nous pensons nous-mêmes aujourd'hui.

En 1859, le *Courrier des Alpes*, qui menait avec ardeur la campagne annexionniste, se vit suspendre par le gouvernement sarde pour « délit d'Etat » en vertu de la loi dictatoriale du 28 avril. Le service de ce journal fut continué auprès de ses abonnés par le *Bon sens*, organe du clergé, paraissant à Annecy. Or, le 14 janvier 1860, on pouvait lire dans le *Bon sens* :

« Savez-vous que quand une famille allobroge a arrosé de son sang toutes les victoires de la France, durant la République

et l'Empire, elle ne voit que là son histoire !

« Pour la bourgeoisie et le peuple, à tout
le moins, ce n'est pas douteux.

« C'est un phénomène curieux à étudier,
la noblesse, en Savoie, sous la dynastie des
ducs et des rois, eut à elle seule le monopole
des hommes, de la science ou de l'éduca-
tion. A peine la France, en 1792, eût-elle
frappé du pied sur notre Allobrogie qu'il en
sortit des centaines d'hommes éminents,
dont les noms rappellent notre génie réveil-
lé sous le souffle de la France. 1815 sonne,
la nuit se fait ; nos provinces n'enfantent
plus rien. Le gouvernement du Piémont n'a
pas bonne main, la volonté lui a manqué ;
que sais-je? Le fait est là ! »

Et envisageant l'éventualité d'une
nouvelle annexion, le *Bon sens* termi-
ne en disant :

« Et nous renaîtrions encore ; oui, nous
renaîtrions ! »

Le 10 février 1860, le gouverneur de
la Savoie, M. Orso Serra, laisse en-
tendre, dans une proclamation, que le

consentement du cabinet sarde est enfin acquis à la séparation de la Savoie, et le *Courrier des Alpes* lui-même, qui a repris sa publication, publie un article dont voici un passage bien caractéristique :

« Enfin nous voici Français ! Cet acte délie nos consciences de tous scrupules ; il est licite d'avouer nos préférences. Demain nous serons citoyens de la grande nation !

« La France est notre mère ; tout jeunes nous avons appris à balbutier son nom avec amour et respect ; les chansons de France ont bercé notre enfance et égayé notre jeunesse ; nous avons partagé sa gloire et ses revers ; nous avons pleuré avec elle à Waterloo et nous avons battu des mains au retour de ses aigles triomphantes. Vive la France ! »

Voilà un beau cri de patriotisme ; il est la parfaite expression de ce que pensaient l'immense majorité des Savoyards de 1815 à 1860.

Et nous sommes vraiment heureux de le trouver dans les colonnes du *Courrier des Alpes* qui, trop oublieux de la vérité et de l'histoire, a accueilli non seulement avec complaisance les appréciations si parfaitement fausses dont nous venons de démontrer l'inanité, mais n'a pas hésité à les appuyer de commentaires haineux autant qu'absurdes.

De ces appréciations et de ces commentaires, dont le *Courrier* s'est fait si imprudemment l'éditeur, nous appelons au *Courrier* lui-même et à ses amis de 1860 qui, alors, n'hésitaient pas à invoquer en faveur d'une nouvelle annexion, les souvenirs glorieux ou douloureux, mais également chers aux Savoyards, de la première libre union de notre pays à la patrie française, de l'annexion de 1792.

Et notre appel sera entendu, car il passe par-dessus la tête des partis, pour s'adresser au seul patriotisme de tous les Savoyards, monarchistes ou républicains, conservateurs ou démocrates, à tous, tous, sans exception d'aucune sorte.

C'est une grande, une magnifique manifestation de notre fidélité que nous voulons provoquer, en invitant le pays tout entier à s'unir pour élever, à l'occasion du centième anniversaire de la première réunion de notre pays à la France, un monument durable qui témoigne de notre piété filiale envers la patrie retrouvée, qui en soit le signe visible s'incarnant dans le marbre et le granit, et à l'érection duquel tous aient contribué, riches et pauvres, du Léman au Mont-Cenis, du Rhône au Petit-St-Bernard.

Allons, Savoyards de tous les partis, oublions un instant nos mesquines querelles pour ne songer qu'à la France que nous chérissons tous d'un même cœur ; répondez en foule à l'appel des comités qui ont entrepris de mener à bonne fin l'œuvre de ce monument du Centenaire, qui sera l'emblème du patriotisme qui nous anime tous à un degré égal.

Qui donc, dans nos vallées, pourrait rester sourd à la voix de ceux qui nous invitent à l'universelle communion en l'amour de la France ?

TABLE DES MATIÈRES

Chambéry. — Imprimerie MÉNARD, rue Juiverie.

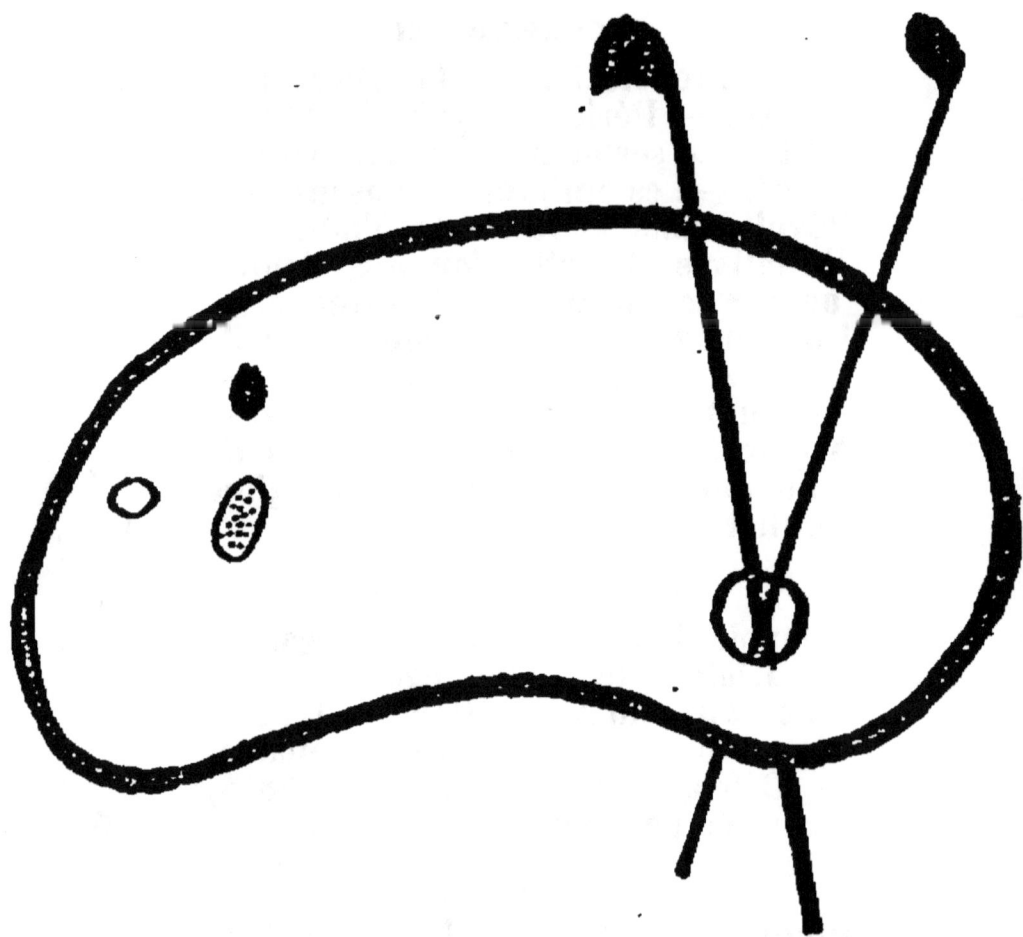

ORIGINAL EN COULEUR
NF Z 43-120-8

www.ingramcontent.com/pod-product-compliance
Lightning Source LLC
Chambersburg PA
CBHW051725090426
42738CB00010B/2100